Franklin Maxado

Biblioteca de Cordel

Franklin Maxado

Introdução
Antônio Amaury Corrêa de Araújo

hedra

São Paulo, 2012

Copyright© desta edição, Hedra 2007
Copyright© Franklin Maxado 2007

Capa
Julio Dui
sobre xilogravuras de Marcos Freitas (capa e lombada)
e José Lourenço (orelhas e quarta-capa).

Projeto gráfico e editoração
Hedra

Revisão
Iuri Pereira
Hebe Ester Lucas

Direção da coleção
Joseph Maria Luyten

Dados Internacionais de Catalogação na Publicação (CIP)
(Câmara Brasileira do Livro, SP, Brasil)

Maxado, Franklin, 1943-
Franklin Maxado/ introdução de Antônio Amaury Corrêa de Araújo.
— São Paulo: Hedra, 2007. — (Biblioteca de Cordel)

ISBN 978-85-7715-055-7

Bibliografia.
1. Maxado, Franklin, 1943-   2. Literatura de cordel — Brasil   3. Literatura de cordel — Brasil — História e crítica   I. Araújo, Antônio Amaury Corrêa de.   II. Título.   III. Série

01-2610   CDD-398.20981

Índices para catálogo sistemático:
1. Brasil: Cordelistas: Biografia e obra: Literatura folclórica 398.20981
2. Brasil: Literatura de cordel: História e crítica: Folclore 398.20981

[2012]
Direitos reservados em língua portuguesa
EDITORA HEDRA
R. Fradique Coutinho, 1139, subsolo
CEP 05416-011, São Paulo-SP, Brasil
+55-11-3097-8304
www.hedra.com.br

Foi feito depósito legal.

BIBLIOTECA DE CORDEL

A literatura popular em verso passou por diversas fases de incompreensão e vicissitudes no passado. Ao contrário de outros países, como o México e a Argentina, onde esse tipo de produção literária é normalmente aceita e incluída nos estudos oficiais de literatura – por isso poemas como "La cucaracha" são cantados no mundo inteiro e o herói do cordel argentino, Martín Fierro, se tornou símbolo da nacionalidade platina –, as vertentes brasileiras passaram por um longo período de desconhecimento e desprezo, devido a problemas históricos locais, como a introdução tardia da imprensa no Brasil (o último país das Américas a dispor de uma imprensa), e a excessiva imitação de modelos estrangeiros pela intelectualidade.

Apesar da maciça bibliografia crítica e da vasta produção de folhetos (mais de 30 mil folhetos de 2 mil autores classificados), a literatura de cordel – cujo início remonta ao fim do século xix – continua ainda em boa parte desconhecida do grande público, principalmente por causa da distribuição efêmera dos folhetos. E é por isso que a Editora Hedra se propôs a selecionar cinquenta estudiosos do Brasil e do exterior que, por sua vez, escolheram cinquenta poetas populares de destaque e prepararam um estudo introdutório para cada um, seguido por uma antologia dos poemas mais representativos.

Embora a imensa maioria dos autores seja de origem nordestina, não serão esquecidos outros polos produtores de poesia popular, como a região sul-riograndense e a antiga capitania de São Vicente, que hoje abrange o interior de São Paulo, Norte do Paraná, Mato Grosso, Mato Grosso do Sul, parte de Minas Gerais e Goiás. Em todos esses lugares há poetas populares que continuam a divulgar os valores de seu povo. E isso sem nos esquecermos do Novo Cordel, aquele feito pelos migrantes nordestinos que se radicaram nas grandes cidades como Rio de Janeiro e São Paulo. Tudo isso resultará em um vasto panorama que nos permitirá avaliar a grandeza da contribuição poética popular.

Acreditamos, assim, colaborar para tornar mais bem conhecidos, no Brasil e afora, alguns dos mais relevantes e autênticos representantes da cultura brasileira.

Dr. Joseph M. Luyten (1941–2006)

Doutor pela USP em Ciências da Comunicação, Joseph Luyten foi um dos principais pesquisadores e estudiosos da literatura de cordel na segunda metade do século XX. Lecionou em diversas universidades, dentre as quais a Universidade de São Paulo, a Universidade de Tsukuba (Japão) e a Universidade de Poitiers (França), onde participou da idealização do Centro Raymond Cantel de Literatura Popular Brasileira. Autor de diversos livros e dezenas de artigos sobre literatura de cordel, reuniu uma coleção de mais de 15 mil folhetos e catalogou cerca de 5 mil itens bibliográficos sobre o assunto.

Joseph Luyten idealizou a Coleção Biblioteca de Cordel e a coordenou entre os anos de 2000 e 2006, período em que publicamos 22 volumes. Os editores consignam aqui sua gratidão.

SUMÁRIO

Introdução, por Antônio Amaury Corrêa de Araújo	9
Romance do vaqueiro Marciano da Égua	63
Testamento de Judas na Semana Santa	87
A bela história de Jaci, a prostituta virgem e santa	99
Como ser puxa-saco e vencer na vida atual	115
O japonês que ficou roxo pela mulata	129

INTRODUÇÃO

Em 15 de março de 1943, veio ao mundo Franklin Vitória de Cerqueira Barreiros Machado, na parte antiga da cidade de Feira de Santana, porta de entrada e saída para o sertão.

Explico: Porta de saída para todo sertanejo que quer deixar o sertão e seguir para o sul, ou ir para a bela Salvador, porta de entrada para os que vêm do sul ou da região da capital com a intenção de penetrar no país dos nordestinos, aquele mundo de quase um milhão de quilômetros quadrados onde predomina o semiárido cercado, em parte, pelas praias ensolaradas, enfeitadas por coqueirais que ensombram suas finas areias brancas.

Os pais do novo feirense foram Isaac Barreiros Machado, dentista e fazendeiro moreno, e Dona Anita Vitória Cerqueira Barreiros, professora, loira de olhos azuis. Ambos pertencendo a ilustres famílias do município.

Franklin sofreu grande influência dos cantadores e dos vendedores de folheto de cordel que frequentavam a famosa feira que emprestou o nome a cidade.

Apesar de ter dois diplomas universitários, Direito e Jornalismo, o poeta não escondeu nunca a sua preferência pela musa sertaneja, inspiradora de poetas e de xilogravadores. Ao chegar na capital paulista, trabalhou como jornalista, mas constatando que aquele não era o caminho a ser seguido, que na verdade sua estrada era a mesma de centenas de conterrâneos, resolveu abandonar a segurança de um emprego com ganho garantido e partiu para a aventura linda, porem instável, dos poetas.

Maxado, assim mesmo, como passou a ser conhecido, começou a ganhar a sua vida fazendo versos e ilustrando as capas do folheto com xilogravuras de sua própria autoria.

É bom que se diga que o nosso amigo Maxado revelou-se um xilogravador de mão cheia.

Figuras bem delineadas que dão aos seus trabalhos a impressão de que o autor tirou uma foto.

Possuímos uma xilo feita por Maxado, o casal de cangaceiros Dadá e Corisco, que é de uma fidelidade impressionante.

Como não poderia deixar de acontecer com quem domina incontestavelmente o tema cordel e xilogravura, o nosso amigo Maxado foi "forçado" por amigos e conhecidos a colocar ao grande público todo seu saber, dicas e truques tanto da xilogravura quanto do cordel em artigos e em livros.

Foi em razão disso que ele escreveu, dentre outros, *O que é a literatura de cordel*, livro de consulta obrigatória para todo aquele que quer conhecer mais a fundo esse tipo de literatura tão utilizada no Brasil e mais ainda na região Nordeste.

A Codecri editou esse livro que alcançou de pronto grande sucesso. Igualmente pela Pasquim/Codecri escreveu *Cordel, xilogravura e ilustrações*, livro básico para quem quer conhecer a arte de trabalhar em tacos de madeira. Outro livro, também editado pela Codecri, *O cordel Televivo* que analisa a trajetória do Cordel falando do seu passado, da atualidade e do futuro dessa arte multissecular não deve ser esquecida pelos interessados.

Maxado é um autor cujos trabalhos abordam os temas mais variados possíveis.

Desde o ciclo messiânico, do tipo *Profecias de Antonio Conselheiro, Estamos no fim do mundo pelas profecias da Bíblia a Frei Damião, Nostradamos, Antonio Conselheiro e Padre Cícero Romão, O jumento que virou gente ou o milagre de Frei Damião,* passando pelo ciclo heroico com histórias de cangaceiros e de seu exemplo maior, o famoso Lampião.

Dando asas à imaginação, fez uma curiosa mistura no seu folheto intitulado *O cangaceiro que deu pra beato ao fugir da Caipora*. É a figura do ciclo heroico, o cangaceiro, do messiânico na imagem do beato que termina numa defesa inconsciente do ecológico.

Maxado adentrou por uma série de temas cordelistas, os quais não foram explorados por colegas de poesia.

Por exemplo, ao resolver seguir a carreira de cordelista em São Paulo, o fato do time de futebol do Corinthians Paulista curtir uma "fila" que já estava somando mais de vinte anos chamou a atenção do artista, que fez um cordel intitulado *O sapo que desgraça o Corinthians*.

Assim iniciou o folheto:

> Quando o clube Corinthians
> Tornará a ser campeão?
> É a pergunta que se ouve
> Dos fiéis do Coringão
> 22 anos sem título
> Parecendo gozação.

No ano de 1977, o inverno paulista não existiu, foi como se a garoa e a baixa temperatura não fossem habituais aqui no sul. Franklin não deixou escapar a oportunidade e escreveu o seguinte trabalho: *O frio de São Paulo está desmoralizado*, e diz assim:

> Meus distintos conterrâneos
> Leiam esta reportagem
> Versada que eu fiz

Procurando a abordagem
Do calor que faz agora
No tempo da friagem.

São Paulo, terra do frio
Da garoa e das geadas
Como nós a conhecemos
Desde épocas passadas
Neste inverno pegou fogo
Acabou-se a invernada.

O frio daqui é temido
Por nós de lá do Nordeste
Quando descemos pro sul
Saindo daquele agreste
Mas agora esquentou-se
Virou um verão da peste.

E partindo para uma análise de comportamento social, Maxado utilizou-se, figuradamente, dos animais para demonstrar que a vaidade, a ambição pela riqueza, o desejo do subir na vida a qualquer preço, é o que importa e que isso acontece em toda sociedade humana.

O título do referido folheto é *Papagaio e as macacas que não estão na mata* (uma fábula urbana de bichos).

Numa das primeiras sextilhas ele coloca o seguinte:

Uma vez um bode novo
Viu uma macaca bonita
Apaixonou-se por ela
E a achou muito bendita
Aceitou-a em casamento
Sem pensar numa desdita

Julgou ser correspondido
E enfrentou sua raça
Pois a macaca era pobre
Ruça, mas cheia de graça
Ele desafiou a todos
E casou no meio da praça.

Mais adiante há uma estrofe que diz:

Quero isso e quero aquilo
A macaca então exigia
O que via na televisão
E o que as amigas lhe incutia
E o pobre d obode exausto
Com ela se desentendia.

Vem então o abandono do lar e a entrada na vida noturna, na boemia:

Deixou o bode sofrendo
E foi se sacudir dançando
Quase sempre, quase nua
Com o rabo balançando
Com uma peruca enorme
A cabeça enfeitando.

Largou o amor no desgosto
E foi pra beira do mar
Como bode não gosta d'água
Arranjou outro pro lugar
Deu com um sapo cururu
Numa viola a tocar.

Entra então numa casa noturna cujo dono é um papagaio que faz grande sucesso explorando macacas etc. etc.

A buate do papagaio
É famosa por explorar
Macacas, sambas etc.
Vão bichos de todo lugar
Geralmente, com dinheiro
Para lá, poder gastar

O papagaio é careca
Usa óculos e bigodinho
Se gaba de ter criado
Num "show", um novo caminho
Quem quiser curtir a noite
Ele pinta de bonzinho.

Um pouco mais adiante:

Incentiva o turismo
Cafetinagem, prostituição
Sem-vergonhice, pecados
Entreguismo, descaração
Com uma cara bem simpática
Entrega toda a nação.

Assim, Franklin Maxado continua até os versos finais quando termina dando a moral da história:

Aproveitem bem a beleza
Pois a vida tem idade
E nossa sociedade quer
Só o sangue e novidade
E quando não tiver mais
Se mendiga a caridade.

Aqui fica a moral
Para esta simples estória
Pois todo o mundo quer ter
O dia de muita glória
Mas muitos bichos não pesam
A dívida pela vitória.

E dá o ponto final com seu acróstico:

M e desculpem se ofendi
A lguém com este tal conto
X atear, eu não quis não
A ssim também não os monto
D aqueles bichos que falam
O que quero é botar ponto.

Tocou também na religião, em seus versos. Por exemplo,
quando em 1980 o papa João Paulo II esteve no Brasil, o poeta
Maxado fez um folheto intitulado *O papa vem dar um santo ao
Brasil*, no qual diz que o papa veio santificar nosso primeiro
beato, José de Anchieta, um dos fundadores da cidade de São
Paulo.

Diz mais:

Sei que os irmãos nordestinos
Também já vão lhe pedir
Pra santificar Padre Cícero
Que é nosso santo dali
Já fez milagres em vida
E vivia pra servir.

E nosso padre Cícero
Nasceu, viveu e morreu

No Brasil, enquanto que
O outro colega seu
Nasceu nas ilhas Canárias
Perto do solo europeu

O Padre José Anchieta
Veio pra catequizar
Os nossos índios pagãos
E aos colonos ajudar
Começou por São Vicente
Na baixada e beira-mar.

Depois de falar sobre o papa, do seu físico e da vida de
esportista como jogador de futebol, dos países por onde andou,
termina assim o folheto:

Porque o Papa merece
Sacrifício e atenção
E se não se sofre aqui
Não se tem a salvação
Na outra vida eterna
Como acredita o cristão.

É por isso que se diz
Que o Brasil não liberta
Pois o povo quer sofrer
Pra encontrar a porta aberta
Do céu quando sua carne
Após morrer ser desperta.

E São Pedro lá no céu
Guarda a porta de entrada
Deixa aqui seu sucessor

Para guardar bem guardada
A porta de sua saída
Dessa vida amargurada.

M uito agradeço à Igreja
A visita do pastor
X amado de João Paulo
A migo e protetor
D eixo aqui minha homenagem
O nesta pra meu leitor.

Como não podia deixar de ser o poeta escreveu também sobre a grande figura da Igreja no Nordeste do Brasil, o Padre Cícero.

É de sua autoria o folheto: *O que falam hoje do Padre Cícero Romão*.

As três primeiras estrofes são estas:

O Brasil não deu ainda
Um santo na religião
Mesmo José de Anchieta
Nasceu em outro torrão
Nossa esperança é ter
Padre Cícero Romão

Apesar de perseguido,
Até por colegas seus,
Ele não perdeu a fé
No seu povo e no seu Deus,
Continuou sem protesto
No meio dos filisteus.

Hoje, depois de 50
Anos que está morto,
Saltam suas qualidades
De homem que não foi torto
Tendo justo monumento
No maior alto do Horto.

Em seguida o poeta comenta a vida e os sucessos do padre, fala da guerra para depor Franco Rabelo, conta do auxílio do médico Flóro Bartolomeu na luta.

Insiste em que o Padre Cícero deve ser santificado e termina com os seguintes versos:

Eu aqui não digo nada,
Só louvo o santo padre
E apenas desconheço
Que a sua Igreja madre
Não canonize seu membro
Antes que lhe seja tarde.

Pois o Brasil bem merece
Ter o padre santo.
Pois, para todo católico,
Será mais do que encanto.
E, para os colegas vates,
Maior tema para canto.

M anifestei o meu ponto,
A chando que o padrinho
X ama todos os seus filhos
A s orações e ao caminho
D o céu, na corte divina,
O nde está como santinho.

No ano de 1976 a novela *Saramandaia* fez enorme sucesso em todo Brasil ao ser levada ao ar pela Rede Globo. Maxado aproveitou esse fato e lançou, com muita felicidade, o folheto *A volta do Pavão Misterioso* que assim começa:

O Pavão Misterioso
Aparece de novo agora
Seu romance não tem fim
Eu continuo sem demora
Mostrando como ele está
Seu primeiro caso estoura.

Ele já é novela e música
Na tal da *Saramandaia*
Feita pela Rede Globo
Pra que o povo distraia
Escrita por Dias Gomes
Para que seu canto atraia.

O autor daquele cordel
José Camelo chamado
É publicado até hoje
Nesse caso historiado
Não disse que fim levou
O tal pavão encantado.

Maxado faz então comentários sobre o texto do cordel de José Camelo e em seguida conta em como o Pavão Misterioso pediu a ele, Maxado, para escrever sobre sua vida atual.

A conversa foi mantida durante visita do pavão ao poeta, que estava no terraço do seu apartamento, em plena capital paulista, em noite estrelada.

O pavão conta então como tentou ensinar voos ao padre Gusmão e a Santos Dumont.

Fala ainda da visita ao vate José Camelo e também de como orientou americanos a viajarem para a lua.

Narra como ensinou aos russos e do encontro com uma pavoa e do nascimento dos pavõezinhos.

Termina assim esse cordel:

> É possível que o pavão
> Ora teja cantando roda
> Na beira do Amazonas
> E aqui já virando moda
> Se abanando com seu leque
> Se refrescando com soda.
>
> Dona pavoa lhe admira
> Com pintos embaixo da asa
> Preparando caipirinha
> Pro pavão dormir em casa
> Cozinhando um milho verde
> Pois sua janta não atrasa.
>
> M uito obrigado! Pavão
> A gradeço sua amizade
> X utou dicas para mim
> A migo com irmandade
> D á ajuda a quem necessita
> O que versei é verdade.

Em um trabalho de dupla interpretação, Maxado escreveu o folheto que tem por título *Carta de um pau-de-arara apaixonado pra sua noiva*.

Transcrevemos aqui alguns versos deste autor eclético:

Gostei das suas lembranças
Enviada cá pra tudo
Aqui tudo tá ruim
Mas a gente tudo mudo
O pau me quebra nas costas
Suporto por ser raçudo.

Levo fumo e não grito
Mas sempre metendo o peito
Botando a boca no mundo
Por isso ponho respeito
Saio de casa batalhando
Caio na vida sem jeito.

Mais adiante fala o seguinte:

Durmo em cama de pau duro
Sonho sempre com estacas
Me atravessando as carnes
No lombo, tomando taca
Tropeço e caio nas ruas
Como se fosse madura jaca.

Inda estou com um irmão
Ao qual eu dou seu sustento
Vou tirá-lo das minhas costas
Vou deixar de ser jumento
Vou botá-lo em minha frente
Pra se virar no relento.

Mas é ao falar da noiva e da família que os versos ficam mais "interessantes":

Cadê aquele anel
Grossinho que você tinha?
Pergunto pra derreter
Fazer nossa aliancinha
Testar metendo meu dedo
Pra ver se fica direitinho.

Se teu irmão não aceitar
Meto-lhe o pau pra valer
Vai ficar de corpo moído
Pois só boto pra doer
Quererá bem o cunhado
Ou então vai ser fuzuê.

E tua irmã inda abre as pernas
Quando vê toco na estrada?
Quando vai apanhar água
Com cabaça mal lavada
Ensina pra não cair
E ficar com ela quebrada.

E tua mãe, como está?
Ela é tão boa e caridosa!
Dá as coisas boas que tem
É uma santa de bondosa
Dá pra todo mundo que pede
Dela, fique orgulhosa.

Se ela ainda tiver dando
Guarde uns ticos para mim
Vou chegar bem alterado
Querendo pedir seu sim

Por meu peso em seu dedo
Pra ficar com você sozim.

E termina com o acróstico do autor:

M aior do que a saudade
A mor é bem divinal
X umbregue quem se amar
A vida será natural
D ela só se quer amor
O né é o maioral.

Provando o quanto é versátil, Maxado fez um ABC mostrando que as plantas servem para curar qualquer tipo de doença, quando suas folhas são colocadas em garrafas de cachaça. As célebres "garrafadas", muitas delas usadas para dar "vigor" a idosos.

Vamos dar alguns versos, como exemplos, do folheto *Receitas de cachaça com folhas do Dr. Sabitudinho* (para curar toda doença):

(A) Angélica com cachaça
É pra se ficar bem fresco
Se o dia está quente
Como num forno dantesco
Se sente calor ou ânsia
Não abuse do refresco.

(C) Catuaba é bom pra velho
Qu'ainda quer ser rapaz
Se tiver bom coração
Para não perder o gás
Pode arranjar um broto
Até fogoso demais.

(D) Dandá abre o apetite
Mesmo de mulher que é fria
Se a mulher for gulosa
Fará muita estrepolia
Quebra cama, mesa, banco
Colchão, cadeira e bacia.

(I) Ingá é bom pra cabeça
Pros miolos e doidice
Pr'estudante estudar
Pros velhos na caduquice
Zueira ou confusão
Evita até maluquice.

(N) Nogueira é pra mulher
Que quer um regulador
De mês que se adianta
Ou então atrasa com dor
Corrimento dos ovários
Nele encontra aparador.

(V) Velame é para os músculos
Lumbago, ventosidade
Gota, câimbras e artrite
Inchação, calosidades
E também pra reumatismo
Em toda e qualquer idade.

Já no acróstico encontramos o seguinte conselho do poeta:

M as todos cachaceiros
A s suas desculpas têm

> X upam a cana de sempre
> A ndam doentes também
> D a cachaça, bebam pouco
> O lhem que lhes quero bem!

Franklin fez um folheto aproveitando histórias do sobrenatural, tão comuns em nosso interior, ainda sujeito aos fatos que não tenham explicação clara para as pessoas mais simples.

Assim aproveitando boatos de episódio acontecido no interior baiano, ele escreveu *O casamento do Lobisomem com a Vampira Feiticeira*.

Inicia ele seu folheto da seguinte maneira:

> Tem estórias que contamos
> Alegres, dando risada
> Já tem outra que é triste
> Deixa a alma amargurada
> Mas esta que conto agora
> Deixa a pele arrepiada.

> Pois é um caso de horror
> Acontecido no sertão
> Quando um desses lobisomens
> Fez a sua união
> Com uma vampira bruxa
> Que bebia sangue pagão.

> O lugar de tais eventos
> Foi a Vila de Ventura
> Lá pras bandas da Bahia
> Muitas léguas de lonjura
> É um caso escabroso
> Todo cheio de feiura.

Em toda manhã de sábado
Quando era lua cheia
Sempre surgiam por lá
Defuntos que foram ceia
De vampiros ou lobisomem
Devido à morte ser feia.

Pouco depois o vate descobre duas pessoas sobre quem recaíam as suspeitas de serem os autores das mortes ocorridas nas noites de sexta-feira. Diz ele o que abaixo leremos:

E ninguém desconfiava
Ser obra de gente miúda
Do coveiro Tião Mendonça
Que por ter a mão peluda
Chamavam-no de Mão de Onça
E também por ser graúda.

Mão de Onça era discreto
Um pacato cidadão
Não era um nada notado
Parecia um bestão
Era o último suspeito
Daquela povoação.

Fala em seguida de uma mulher que vira vampira, a qual se encontra com o lobisomem e como não podia deixar de acontecer, em casos de assombração, os dois acabam por unir-se em casamento. O cordel finaliza do seguinte modo:

Quando muito em Ventura
Aparecem dois morcegos

Em noite de lua cheia
Atacando os seres leigos
E quando isso não pode
Chupam então os borregos.

M orcego sempre aparecem
A li naquele sertão
X upando sangue de gente
A vampira e "seu Tião"
D eles se falam horrores
O u que fazem infernação.

Quando o Brasil saiu da noite escura da ditadura, na qual viveu por mais de duas décadas, a censura permitiu que escritores, jornalistas, diretores de filmes e poetas mostrassem seus trabalhos com mais facilidade e com menos empecilhos.

Maxado escreveu vários folhetos com espírito crítico ou com a intenção de denunciar fatos ocorridos. Este *O Brasil entrega o ouro e ainda baixa as calças* (o ex-país do futebol), editado em 1984, é um bom exemplo do que o autor pensa. Começa o folheto fazendo a denúncia sobre o roubo e a fundição da Taça Jules Rimet, fato esse que deixou o povo brasileiro abatido. Em seguida denuncia a falta total de segurança, conta dos roubos e assaltos praticados por pivetes e trombadinhas. Diz, continuando, que o país virou paraíso de ladrões, dos maus patrões que abrem conta na Suíça.

Fala nesse momento:

Se todo ouro roubado
E comprado na nação
Ficasse no território,
Seria até uma bênção

Mas parece que há gentes,
Que são altos dirigentes
Por trás dessa transação.

Pois entregaram a riqueza
E produção nacional
À técnica de fora
À multinacional
E esta retira cá
E manda tudo pra lá
Onde tem seu capital.

Na falta duma política
E segurança garantida,
Exploram as nossas minas,
Com licença consentida,
E levam os minerais,
Dando partes aos maiorais
Pra ocultarem a medida.

Assim o governo fecha
Os garimpos para o povo
Entregam a grupos fechados
Que vêm com um plano novo
De controles mecanizados,
Fazendo desempregados,
Produzindo mais estorvo.

Perdemos mesmo a vergonha,
Viramos país de putas,
Veados, ladrões, corruptos,
Traidores sem ter lutas
Para a emancipação,

Para não sermos nação
Que tem suas disputas.

Nos tornamos mais colônia,
Com a Cuba de Batista,
Latrina de qualquer gringo
Que vem cá, como turista,
Cagar nas nossas cabeças
Mijar com as nossas peças
De matriz capitalista.

Três estrofes depois temos:

Dilapidam a cultura,
Comprando peças roubadas
De imagens de museus
E das igrejas sagradas
E vem nos vender bobagens
Com juros e sacanagens,
Cobrando contas passadas.

Deixam a terra arrasada
Com suas experiências
Nosso povo é cobaia
Para as suas ciências.
Suas drogas vão lançando
Em nós, experimentando
Pra nos manter dependências.

Quatro estrofes depois temos:

Assim, não roubam só ouro
E valores culturais

Levam nossos pensamentos,
Nossos valores reais.
Destroem nossa juventude.
Sorriem da senectude
Dos brasileiros leais.

Nossas universidades
Não ensinam a lição
Pois os seus professosres
Não ganham na profissão.
Os que querem melhorar
Vão ter de viajar
Fazer curso de extensão.

Em seguida Maxado faz elogios ao Brasil e à conduta de sua população. As duas últimas estrofes são estas:

Não haverá egoísmos
Maldade ou ambição.
A gente é igual à planta,
Ao bicho ou até ao chão
Dentro da ordem e respeito,
Não haverá o despeito
E somente uma nação.

M aior do que os maiores,
A humanidade será,
X anto para que se lembrem
A fim do que vão tirar
D o que já passou e para
O que já vem e virá.

No ano de 1984, o sr. Paulo Maluf, chamou o sr. Antonio Carlos Magalhães, depreciativamente, de "baiano". Foi o mesmo que cutucar a onça com vara curta. Maxado sentiu-se ofendido e partiu para o revide escrevendo o folheto que tem o seguinte título: *Maluf que me desculpe, mas sou "baiano" também.* Iniciou assim seus versos:

> Ser baiano é um orgulho
> Não envergonha ninguém
> Maluf, filho de sírio,
> Mostrou já o seu desdém
> Xingou todos os baianos
> E, logo, a mim, também.

> Pois chamou Antonio Carlos
> Magalhães "desse baiano".
> E não aceito o acinte
> De Maluf ao meu mano,
> Querendo depreciá-lo
> Atacando o conterrâneo.

> O Brasil foi descoberto
> Pelo luso na Bahia,
> Logo, ser brasileiro
> E ter sua galhardia
> É ser um baiano sábio
> Como fala a poesia.

Depois de comentar sobre os serviços prestados pelos patrícios do Norte e Nordeste, Maxado enumera os benefícios da cultura, arte, culinária, dança que foram introduzidas no sul através dos nordestinos que moram aqui. As três últimas estrofes são as que se seguem:

Mostremos a dignidade
De ser filho de africano
De ser índio ou latino.
Desse bravo lusitano
Que deu o Brasil mestiço
Que, no sul, é um "baiano.

Tancredo Neves é quase
um "baiano" lá de cima
Pois Minas tem região
Que tem parte nessa rima
E o "baiano" lhe estima.

M anifesto meu protesto
A chando o ponto de vista
X odozo com nosso Sul,
A quele que é paulista
D e Minas pra todo Norte
O povo todo é "nortista".

Porém, a verve do poeta, em política, não podia ficar nesse único folheto. Fez outros, dentre os quais temos o que leva por título *De presidente a bufão, Jânio não imita Reagan* com o subtítulo (ou tiraram seu time de campo).

Aqui estão a sexta e a sétima estrofes do referido folheto:

A vida é eterna busca
E muitos nunca se acham
Precisou-se duma "Abertura"
Pra ver coisa que se racham
E, também, outros bufões
Que bem ou mal se encaixam.

E Jânio Quadros achou-se
Em sua especialidade
De pessoa que é personagem
Doutra personalidade,
Largando de aposentar-se
Pela inatividadde.

Três versos após encontramos estes:

Esse povo brasileiro
está vendo outro fato:
Ter um dos seus Presidentes
Virado um bufão nato,
Brincando muito com fogo,
Fazendo desacato

Não é como na América
Que um ator de cinema
Se tornou seu presidente
Exercitando o sistema
E, se representa mal,
Não é nosso problema!

Depois de inúmeras comparações e recordando das "grandes obras de Jânio", briga de galo, proibição de biquínis, ser contra corridas nos jóqueis etc. Maxado termina assim o folheto:

É mágico, equilibrista
E tem outras qualidades
Lança a moda do "pijânio"
Faz o que tem vontade
Hipnotiza o público
Falando meias verdades.

Se dependesse de meu
Voto, eu já preferia
O cômico Chico Anísio
Pois mais sério, ele seria
Dizendo seriedades
Com graça e maestria.

M axado com um só xis
A ssim o meu cordel,
X amado também folheto,
A ssim sou um menestrel
D iferente de Machado
O de Assis, no papel.

No ano seguinte ao lançamento do folheto que acabamos de ler, em 1983, portanto, Maxado lançou *São Paulo é maior do que a crise da Nação* onde começa dessa maneira a análise dos problemas políticos, ecônomicos e sociais:

O Brasil chegou ao fundo
Sem guardar uma saída
Os burocratas apagaram
O futuro de nossa vida,
Como uma doida varrida.

Tamos de cuca fundida
Pra nos sairmos desta
Já entregamos o ouro
E muito da nossa floresta
As divisas em minérios
E tudo nosso que presta.

Bem mais adiante o poeta nos estimula na luta pelo que é nosso:

Se aqui vier mandar
F.M.J. forâneo,
Cai toda a Sulamérica
E todo meu conterrâneo
Com conquistas sociais
E seus líderes de crânio.

Vamos defender titânio
Ouro, aço e minerais.
Vamos sair em defesa
Dos recursos naturais
Vamos ajudar na luta
De salvar a Petrobras.

Vamos usar nosso gás
Pra sair desta sinuca
Pois o Delfim nos botou
À nossa gente maluca
Mas, quem é inteligente
Não mete a mão em cumbuca.

Versos adiante temos o seguinte:

Não pare a motriz do trem
Da São Paulo industrial,
Seu nome de tradição,
Deixando o país em breque
Em um blecaute total.

Vamos dar o nosso aval
Pra sair desses sufocos,
Não importa discutir
Se se votou ou tomou tocos,

Vamos crer em seu Montoro
Que não é dos bocos-mocos.

Fechando o folheto o poeta diz o seguinte:

Prego unidade sem ser
Político partidário.
Sou um poeta autônomo
E também um proletário,
Sem ter emprego seguro
Para viver de um salário.

Me saio de ser otário
Ajudando a Montoro
Xamar todos pra cantar
A São Paulo do tesouro
Da saída para a crise
O seu canto será coro!

Não fugindo à tradição dos cordelistas de exaltarem as vaquejadas, atividade que transforma muitos trabalhadores campeiros em ídolos regionais, Maxado escreveu vários folhetos sobre esse tema, inclusive dando asas à sua imaginação fertilíssima com trabalhos do tipo *O vaqueiro que se tornou astronauta*. Nele o autor conta como João Cometa, vaqueiro cearense, encontrou um ser estranho que vai ser assim descrito:

O monstro era uma ave
Grã com pescoço franzino
Os olhos que nem butucas
Como faróis de vidro fino
A crista era uma antena
Tinha esporão como pino.

Os pés eram como garras
Tendo peles nadadeiras
Entre unhas como pás
Daquelas bem cavadeiras
Esporões por todas pernas
Como armas matadeiras.

O rabo era um leque
Com penas endurecidas
Pareciam de metal
E eram também coloridas
Brilhosas e furta-cores
Foscas ou esmaecidas.

Também as asas enormes
Não tinham as cartilagens
Eram pontas de morcego
Para melhores rapinagens
Os ossos eram tão duros
Como aço de usinagens.

As juntas se articulavam
Como objeto biônico
As veias e os seus nervos
Era um sistema eletrônico
A radiação dos olhos
Era de teor atômico.

Pois a ave espacial
Come todos os minerais
Seu bucho faz a fusão
Com moelas especiais

Assimila as moléculas
Produz as forças vitais.

Como o monstro faz a sua comunicação através de telepatia, foi fácil entender-se com o vaqueiro e partirem pelo espaço sideral assombrando o mundo inteiro.

Maxado Nordestino é igualmente autor de *Vaquejada de sete peões pra derrubar uma mineira* cujo início é assim:

Vaquejada no Nordeste
Mexe cum mundão de gente
Vou contar uma pr'ocês
Por ter sido diferente
De tão boa que dá saudade
Deixando a alma bem quente.

Num Domingo eu estava
Numa pegada de gado
Na Fazenda do Retiro
Encostada no Roçado
Era dia de festa ali
Com tudo bem enfeitado.

Chegaram sete vaqueiros
Todos sete tinham fama
De derrubar boi fujão
Seja no mato ou na grama
Na capoeira, catinga
Ou em outra qualquer disgrama.

Faz em seguida a descrição de uma novilha, fala dos vaqueiros e dos seus cavalos, do público que assistia tudo, dos acontecimentos da derrubada e termina dizendo:

Entre mortos e feridos
Salvaram-se todos eles
Só se perderam cavalos
Que foram todos aqueles
Sacrificados mais tarde
E perdendo os donos deles.

M ineira já foi comida
A lmoçaram todos lá
X axando nessa fazenda
A pós todos vaquejar
D eixaram dela um bife
O poeta comeu a fartar.

Como o folheto que acabamos de ler fez grande sucesso, o autor resolveu dar-lhe sequência escrevendo *Romance do vaqueiro Marciano da égua*, onde o "nosso herói", foge com a filha do coronel e depois de muitas aventuras vão parar numa usina de cana em São Paulo. Depois de algum tempo o coronel fica muito doente e pede a presença do casal perdoando o acontecido e dando a fazenda para Marciano que modernizou o latifúndio.

A história termina assim:

Fez muitas benfeitorias
E diversas plantações
Assumiu o seu papel
Sentiu que há distinções
De classe tanto no sul
Como lá nas tradições.

Foi este final feliz
Provando que o amor
É maior do que o orgulho

Mesmo tendo dissabor
Quem o procura, achará
Suas graças e louvor.

M arciano está bem
A família também tá
X amego agora é criá-la
A Mimosa é pra lembrar
D ela tem recordações
O mais eu vou me calar.

Não há como deixar de lado o cangaço e Lampião, os quais foram e são um filão inesgotável para os poetas de cordel.

Enquanto o rei do cangaço ainda vivia, os poetas escreviam sobre suas lutas, seus crimes e seus feitos. Após sua morte os folhetos passaram a ser sobre fantasias tipo *A chegada de Lampião no céu*, *Chegada de Lampião no Inferno*, *O encontro de Lampião com Dioguinho* etc.

Maxado não poderia deixar de lado esse tema inesgotável, vai daí que escreveu baseado em boatos, suspeitas, desejos e vontades de que aquilo que está nos versos fosse a verdade que não é *Lampião está vivo para muitos nordestinos*:

A história mal registra
Que Lampião já morreu
Porém restou uma dúvida
Que não se esclareceu
Desse jeito a sua morte
A muitos não convenceu.

Testemunhas se tem muitas
De que Lampião está vivo
É um velho fazendeiro

E ainda está ativo
E eu vou isso contar
Sem que seja abusivo.

Aquele que foi o terror
E "Governador do Sertão"
Não ia morrer assim
Como se fosse um bobão
Esperando num buraco
Que lhe pegassem de mão.

Após falar sobre a morte de Lampião, Maria e dos outros
companheiros, diz o seguinte:

Isso se deu em 38
Lampião tinha 40
Anos de idade
E 33 que enfrenta
Dentro do cangaço a polícia
E escapava na venta.

Os soldados aí cortaram
Os quengos dos cangaceiros
Botaram-nos no formol
E tiraram os dinheiros
Ouro, armas, outros bens
E os rifles mosqueteiros.

Passa então a falar da surpresa de Corisco ante o descuido
do chefe mór do cangaço. Diz ainda dos comentários populares
sobre a simbiose existente entre cangaceiros e policiais, fala do
Padre Cícero dando a patente de capitão para Lampião e das
pessoas que teriam entrado em contato com Lampião e Maria

Bonita em vários Estados do Brasil, como se o casal tivesse o dom de multiplicar-se infinitamente e de estar presente em vários lugares ao mesmo tempo.

As três úlimas estrofes são estas:

> E isso pode ter sido
> Passado o tempo marcado
> Cumprindo o seu destino
> E pagando o seu pecado
> Enfrentando a sua sina
> E fazendo o seu traçado.

> E o doutor Amaury
> Que estudou Lampião
> Diz que o herói nunca morre
> Principalmente no sertão
> Onde o povo ainda espera
> Pelo rei Dom Sebastião

> M acho e cabra da peste
> A migo do seu irmão
> X exéu, Bentevi, e outro
> A ssim foi o Lampião
> D o Padre Cícero, achou
> O conselho e o perdão.

Em setembro de 1983, Maxado e o seu amigo Raimundo, divagando e fantasiando situações escreveram *Lampião na* ONU *defendendo o 3º mundo.*

> Leitores vão duvidar
> Duma verdade ou não
> No caso que aconteceu

Parecendo assombração
Uma alma doutro mundo
Deixou seu sono profundo
Pra fazer reclamação.

Falo do tal Lampião
Que baixou num ser, gritando,
Usando o corpo dum vivo
E, assim, representando
O Brasil na assembleia
E, vendo aquela plateia,
Já foi logo exclamando:

Aqui, já estou chegando
e logo me manifesto,
Contra os países ricos
Venho gritar meu protesto,
Venho direto do espaço
Pra provar que ainda faço
Batalhas e que eu presto.

Duas estrofes depois temos o seguinte:

Nisso, Reagan, entre os demais,
como um caubói de cinema,
Alterou-se aparteando,
Levantando o problema
Pois disse que ele apoia
Dá dinheiro, arma e boia
Aos amigos do sistema.

Lampião pegou no tema.
Respondeu desassombrado:

Não temer mocinho já velho
E de cabelo engomado
Como mostrar bem vestida,
Sem mostrar que tem mais vida
Ou um gagá esclerosado.

Que não governa o Estado
E deixa os outros mandar:
Os putos capitalistas,
Que só querem explorar
Os recursos minerais
Produções nacionais
Em todo e qualquer lugar.

Com Reagan, formava par
Dona Margaret Thatcher
Esta virou uma fera
Gaguejando tatibitate:
Mister Lámpion non saber
Non pensa o que vai dizer
E, como dogue, só late.

Tomou logo um disparate
E um dedo pela cara
Lampião disse: Lhe bato
Se não parar com a tara
De ser homem de saiote
Como escocês com trote
Pra esconder sua vara

Eu sou um pau-de-arara
que não gosto de uísque.
Só tomo a minha cachaça,

Vinda de bom alambique
E não sou lá das Malvinas
Pois, mesmo com carabinas,
A botava bem a pique.

Outros personagens entraram na discussão, Idi Amim, ditador de Uganda, Baby Doc, do Haiti, o ditador Pinochet tentou participar, bem como o ministro Andropov da Rússia. Menachem Beguin, ministro de Israel, foi citado nestes versos:

O sapato então fez "zung"
Jogado pelo comunista
Mas Lampião abaixou-se
Pra não tomá-lo na vista
Quem gostou foi o judeu
Que, com todo ouro seu,
Era o mais capitalista.

Ele era o sionista
Menachem Beguin afamado,
Conhecido por "Doutor
Silvana, o Desalmado",
Que aprendeu bem as lições
De Hitler e medalhões
Do nazismo derrotado.

Falou ainda de Moshe Dayan, Kadhafi, Arafat e o Aiatolá Khomeini, Nakasone, Indira Gandhi. As três últimas estrofes são estas:

Pra acabar esta porfia
E quem for inteligente,
Advinhe o que se deu

E o que dar-se-á na gente
Após Lampião na ONU
Defender o nosso abono
De um mundo indigente.

Quem pensar ser diferente
E a estória não sacou,
Fique deitado na rede
De onde não se levantou,
Lendo só casos gozados,
Sem olhar pra outros lados
Por onde Lampião olhou.

Este episódio ficou
Registrado nos anais
Como "The Lampiongate",
Testemunhando os mortais
Governantes de Estados.
E, cá, termina Maxado
E Raimundo seus sinais.

Demonstrando o quanto é inteligente e criativo, Maxado criou e colocou à disposição das nossas autoridades responsáveis pela Educação e Cultura, um novo Alfabeto (ABK) que aqui divulgamos: A, B (bê), K (kê), D (dê), E, F (fê), G (gê), I, J (ji), L (lê), M (mê), N (nê), O, P (pê), R (rê), S (si), T (tê), U, V (vê), X (xis), Z (zê).

Existem três regras para a escrita:

1. As palavras são escritas como se pronuncia.

2. Os grupos consonontais CH, LH e NH são substituídos respectivamente por X, LL (dobrado) e Ñ (assinalado).

3. Eliminam-se as letras c (quando tem som forte é k, e quando tem fraco, é s, h e q.

Provando que seu projeto ortográfico é viável, Maxado escreveu *Kosmo, o sobrevivente do Paraízo Atlântiko*:

Kem já não ouviu falar
Dum Kontinente perdido
Kom uma sivilizasão
Ke dezenvolveu o sentido
De konversar kom estrelas
Em um tempo indefinido.

Nesse mundo, tiña tudo
Energia não faltava
Akumulada dos astros
Por aparello ke filtrava
Os raios pra toda terra
Onde seu povo abitava.

Mais adiante o autor fala da figura que deu o título à obra:

Este alguém é mestre Kosmo
O nome já está dizendo
É jente de alto astral
Ke anda sobrevivendo
Pois eskapou na trajédia
Pelo ke estava fazendo.

Me kontou ke no momento
Ele estava em viajem
Kom seu disko voador
E não kontou kom vantajem

Pois ker morrer e não pode
O ke é uma sakanajem.

Continuando, o poeta afirma que Kosmo é Noé bíblico, em outros tempos, foi o pirata Barba Ruiva, conta também que havia entendimento de Kosmo com seres extraterrenos. Conta da vida de Kosmo nos tempos atuais:

Na atual era ke estamos
Ele veio do Piauí
Pois kiz lá apareser
Para uma koisa kurtir
Às ruinas da Atlântika
Ke ficaram por ali.

Estão em Pirakuruka
Pertinho de Paulistana
Ke é uma sidade nova
Onde sua aura irmana
Kom uma lokal família
Ke de tê-lo se ufana.

As duas últimas estrofes vão a seguir:

Assim, o S é Si
O C e Q são o K
O Z é S ou X
E o X é CH
G é gê e J é ji
Se elimina H

M e despeso de vosês
A xando ke fiz um bem

48

X amando sua sinsera
A tensão, pro ke konvem
D o kordel astral, eu kero
O ke vosê ker também.

Ainda nos tempos em que labutava o cordel aqui em São Paulo, para sermos mais exatos no ano de 1977, Maxado idealizou o Museu Casa do Sertão, sendo o mesmo construído pelo Lyons Club e doado para a Universidade Estadual de Feira de Santana.

Até pouco tempo Franklin Maxado era o diretor do referido museu, cargo do qual exonerou-se para ficar como o pesquisador do mesmo.

Existe o propósito de transformar a seção de literatura de cordel e xilogravura em um centro internacional de estudos do folclore. Evidentemente que o cangaço, movimentos messiânicos (Canudos, Caldeirão, Pau de Colher, Pedra Bonita etc.) seriam contemplados com pesquisas mais intensas. Atualmente o museu guarda peças características da civilização do couro, e objetos usados nas casas e fazendas desse ciclo.

Maxado já publicou mais de duzentos folhetos em cordel. Ainda hoje, amadoristicamente, continua a lançá-los, por exemplo: *A chave do coração amante, ou Herculano e Sinhazinha*, *O bairro George Américo, A verdadeira lenda do pai Inácio, jagunço do capitão Lucas da Feira, Lampião veio a Feira disfarçado, Castro Alves também visitou Lençóis, A Santa de Anguera, Nossa Senhora da Paz, Entrar na* UATI *é saber viver* além de alguns mais.

Sempre agindo como o grande inovador, que sempre foi e é, o nosso vate escreveu *Negra mafricamente* em 1995 exaltando a beleza da mulher negra, da mulata e da mestiça.

Maxado não fica só na teoria não, coloca em prática os seus conceitos pois dos seis filhos que tem (com cinco mulheres diferentes) todos foram gerados por mulheres de origens africanas ou que são frutos da mestiçagem. Reconheceu os filhos, auxilia-os e orienta-os. Exemplo raro e que deveria ser copiado por todos.

Curiosamente o poeta é um caso singular, pois vindo das elites, social e econômica, foi aceito e absorvido pelos mais pobres entendendo-os e sendo entendido por eles.

Maxado participou do grupo que fundou e trabalhou na TV Educativa da Bahia; dirigiu o programa *Participação*, no qual o povo opinava, criticava, se manifestava.

Seus folhetos, mostrando outras realidades, outros conceitos sobre negros, mulheres, índios e cangaço ajudaram a quebrar preconceitos pré-existentes, a fazer com que as pessoas tivessem outra visão sobre esses temas.

Alcançou grande sucesso um folheto seu feito para a Bayer do Brasil (por indicação da dra. Maria da Penha Guimarães) no natal de 1978, cujo título é *Papai cordel faz o Natal da Bayer*.

É conveniente lembrarmos que Machado participou de muitas serenatas, sua voz possante dispensou sempre microfones ou aparelhos amplificadores, cantando nas noites enluaradas, quer nos sertões de Mundo Novo quer nas ruas e praças de Feira de Santana.

Teve várias namoradas em sua juventude e seu romantismo aflorava diante da beleza das morenas, mulatas, brancas e loiras que enterneceram seu coração cheio de amor para dar.

Como já o dissemos linhas atrás, o casamento de Franklin Machado foi realizado em praça pública e, segundo o testemunho de pessoas presentes ao ato, foi o acontecimento social do ano, na cidade.

Eram os áureos tempos dos hippies, do movimento "Paz e amor", "Faça o amor e não faça a guerra", que se espalhou pelo mundo todo qual uma onda incontida agindo contra a agressão americana ao povo do Vietnã.

Os convidados à cerimônia eram representantes dos mais variados setores da sociedade de Feira deSantana.

Ali estavam os estudantes com sua alegria descompromissada, pais de santo, artistas plásticos, vaqueiros, músicos e cantores amigos, pessoas do *high society* da terra e também pessoas humildes das camadas menos favorecidas, o povo, enfim.

Comprovando seu ecletismo escreveu um espetáculo músico-teatral, o qual foi por ele montado, dirigido e interpretado, e que teve o título de "Terra de Lucas".

Utilizou elementos de capoeira, do candomblé, da literatura de cordel e outras manifestações artísticas da região, alcançando sucesso e repercussão tal que, posteriormente, foi levado à cena na capital paulista com o título modificado para "Escravo Lucas, o Cristo-Exu da Bahia". O enredo era sobre um fato verdadeiro, um escravo que fugiu do cativeiro e passou a ser assaltante de estrada, sendo que os boiadeiros que frequentavam a feira de gado eram os seus alvos prediletos.

Algum tempo antes de transferir-se para São Paulo, ainda em Feira, portanto, escreveu e publicou um livro de poemas modernistas, cujo titulo é *Protesto à Desuman-Idade*.

O lançamento dessa obra aconteceu no ano de 1975, por temor à ação da Censura Prévia que fora instituída pelo regime da ditadura militar.

Esse livro era vendido em praças, bares, ruas, feiras onde houvesse qualquer aglomerado humano e em sua última folha havia a explicação de que o trabalho era custeado pelo próprio autor.

Foi um dos pioneiros da geração dos poetas alternativos independentes.

Realizou e participou de shows e saraus em que havia declamações, com interpretação corporal encenando o tema.

Festas organizadas pelo Grupo Cacimba, Movimento Arte e Pensamento Ecológico e também pelo Instituto Brasileiro de Estudos Africanos contaram com a presença e a animação do vate Maxado Nordestino, sempre como uma figura de proa.

Ao chegar na capital paulista corria o ano de 1971 e Maxado teve a felicidade de receber o apoio de um seu conterrâneo, o jornalista Juarez Bahia.

Conseguiu colocação na *Folha de S. Paulo* onde labutou durante um ano. Trabalhou também no *Diário do Grande* ABC, periódico do polo industrial onde trabalham e habitam um grande número de nordestinos, o que lhe propiciou obter vasto cabedal de conhecimentos para tema de seus futuros lançamentos em folhetos.

Esse relacionamento com os "conterrâneos" foi importantíssimo para obter, ao vivo, informes de cada região do Nordeste.

Outros orgãos da imprensa também tiveram o privilégio de agasalhar em suas páginas artigos, reportagens e notícias escritas pelo eficiente profissional, o *Diário Popular*, *A Tribuna de Santos*, através da sua sucursal, e o irreverente e corajoso *O Pasquim*.

Jornal do Rio de Janeiro com o qual colaboraram as melhores cabeças dos tempos negros da ditadura e cujos trabalhos sempre deram preocupação e dor de cabeça aos censores.

Foi ainda com o apoio da Codecri-Pasquim que Franklin conseguiu publicar seus três livros, já citados anteriormente, e que são de leitura obrigatória para os estudiosos e interessados no tema cordel e na arte da xilogravura.

Mestres com o conhecimento e o saber de um Jorge Amado, de um Orígenes Lessa, de Paulo Dantas, do professor Joseph Maria Luyten, do escritor e professor Clovis Moura, do professor Ronaldo Senna e de Juarez Bahia indicam e recomendam com louvor os livros de Franklim Maxado.

Desejoso de alcançar um lugar ao sol, nas letras ou nas artes, Maxado resolveu abandonar o jornalismo, campo em que encontrava terríveis obstáculos levantados pela ação nefasta da ditadura militar, por meio de seus censores.

É do conhecimento geral que todo indivíduo que deixa sua terra como imigrante ou como migrante, que é o caso do Maxado, tem por meta só retornar à mesma com os louros da vitória.

Vitória essa representada por fama, glória ou fortuna.

Eis então o motivo pelo qual Franklin passou a escrever os folhetos de cordel.

São Paulo, já naqueles tempos com mais de 4 milhões de nordestinos e descendentes dos mesmos, era um campo propício para esse tipo de leitura popular.

O primeiro folheto que escreveu teve por título *O Paulista virou tatu viajando pelo metro* e contou com o apoio e orientação do renomado cordelista mestre Rodolfo Cavalcante.

Por ter tido ótima aceitação, tanto no sul quanto no norte, o poeta resolveu profissionalizar-se.

Passa então a ter um ponto fixo na feira de artes da Praça da República, local muito frequentado por turistas nacionais e estrangeiras, que ali admiram e adquirem quadros, esculturas, artesanato em couro ou em madeira, folhetos de cordel e xilogravuras, trabalhos em pedra e em metal.

Infelizmente Maluf e Pitta extinguiram essa feira que já existia há quase quarenta anos.

Por ser alegre, atencioso e competente na profissão que abraçara, Maxado despertou o ciúme e a inveja em outros cordelistas que passaram a atacá-lo.

João Antonio de Barros, o qual assina seus trabalhos como J. Barros, vendo crescer a fama do concorrente escreveu um folheto com o seguinte título, *Doutor, que faz no Cordel?*

Não havia dúvida alguma de que o alvo principal do autor era Maxado, seu vizinho de ponto na Praça da República.

Porém, atirando para todos os lados, sem ter a preocupação de atingir só o alvo desejado, J. Barros acabou atingindo todos os que escreveram algum tipo de cordel e que eram diplomados em escolas de nível superior.

A abertura do seu trabalho é a seguinte:

Apareceu jornalista
E até advogados
Estragando os recados
Dos poetas repentistas
Quem antes eram artistas
Tratados por menestrel
Hoje um tal bacharel
Quer lhe atrasar o pão
Doutor é poluição
Nos livretos de cordel.

Para que advogados
Metidos a repentistas
Dizer nós somos artistas
Fazendo versos errados
Ajudando aos menosprezados
Tragar a taça de fel
Para mim não é papel
Pra quem tem bom coração

Doutor é poluição
Nos livretos de cordel.

O que era de se prever acabou ocorrendo e Maxado respondeu à altura o ataque recebido.

Escreveu o folheto intitulado *O doutor faz em cordel o que cordel fez em dr.*, o qual tem o seguinte início:

Quem fala o que quer, pode
Ouvir o que não deseja
Assim quem diz sem pensar
Recebe o que não almeja
Meça muito as palavras
Mesmo que colega seja.

Alguém disse que doutor
É a poluição do cordel
Como fosse propriedade
Encerrada em sete véus
Parada no tempo e espaço
Cavando seu mausoléu.

O cordel se faz doutor
Pois o povo brasileiro
Está estudando muito
Para vencer bem ligeiro
A escravidão e o atraso
E a falta de dinheiro.

O cordel hoje renova
Não é peça de museu
Teve, tem e terá valor
Entretanto o que se deu

É que os tempos mudaram
Pois a vida não morreu.

O folheteiro tem de ir
Vender em outros lugares
Livrarias, galerias
Teatros, escolas e bares
Pois pra não ficar parado
Terá de ter outros andares.

Também o povo da roça
Está vindo pra cidade
A própria São Paulo já é
Terra de nordestinidade
Com milhões de conterrâneos
Trabalhando de verdade.

É preciso atualização
Pra não deixar perecer
O cordel como valor
Dum povo que quer vencer
Ter todos os seus direitos
E pra isso tem de saber.

Também outro tabu que cai
É de que só o nordestino
Pode fazer cordel
Cada pessoa tem o seu tino
O povo é só um só
E o poeta o seu destino.

Assim o Sul já dá
Os seus poetas cordelistas

Aprendendo dos baianos
Que vem pras terras sulistas
E os nordestinos cá
Ficam mais teoristas.

O novo poeta então
Tem a poesia e a teoria
Procura ter consciência
Da sua arte e magia
Para encaminhar o povo
Do qual é sempre o guia.

Se o cordel tá em crise
Deixei diplomas de lado
Segui lições dos antigos
Para vê-lo levantado
Quem quiser que fale mal
Respeito pra ser respeitado.

Fui advogado e defendo
O povo de minha estima
Como jornalista escrevo
Os fatos com toda rima
Não tive culpa de estudar
E ter talento por cima.

Franklin, após nomear muitos poetas cordelistas, dizendo de suas profissões e de seus estudos em universidades, doutores alguns e outros já quase terminando seus cursos, termina o folheto assim:

Sei o que sou e faço
Não aspiro ser capitalista

Pois com esta profissão
Dinheiro só olho de vista
Não vou explorar irmãos
Pois eu sou idealista.

M e sinto assim responder
A provocação que traçam
X ingo até se for preciso
A queles que nos ameaçam
D efendo com unhas e vozes
O que falo que não façam.

Nos tempos em que as nuvens negras da ditadura militar começaram a ser afastadas do nosso firmamento, com o início da abertura no rumo da democracia, nós vamos encontrar Franklin Maxado como candidato à Presidente do Brasil pelo Partido Kordelista, assim mesmo com K como pregava na sua reforma ortográfica.

Encontrou de pronto um defensor de peso na figura do ilustre poeta e intelectual patrício Carlos Drummond de Andrade.

Levantando bem alto a bandeira de sua candidatura, ele escreveu crônicas de página inteira em jornais de circulação nacional e elogiou a criatividade do poeta-candidato.

Maxado abriu uma "sala de Cordel" quando inaugurou na decantada rua Augusta uma loja que recebeu o nome sugestivo de Cacimbinha.

Ali era um local de encontro e reunião para os participantes do Instituto Brasileiro de Estudos Africanos do Movimento Arte e Pensamento Ecológico, numa troca de ideias e criatividade muito proveitosa para todos os participantes que ficavam até altas horas conversando sobre assuntos que, muitas vezes, terminaram sendo o tema de folhetos ou obras outras.

O fato de haver iniciado sua experiência como jornalista, no jornal *Folha do Norte*, propiciou-lhe a chance de tomar conhecimento prático com tipos e composições, o que aproveitou na armação de seus primeiros folhetos, inclusive quando utilizava as oficinas da ECA, nas dependências da USP.

Hoje em dia modernizou-se, como quase todos os intelectuais, usando os modernos computadores e todos os recursos dos mesmos.

Assim vamos encontrar o velho cordel entrando em nova era, com a mesma poesia de sempre.

Uma das novas criações do Maxado foi o "Cordel de Entrevista".

Esse trabalho consiste em entrevistar algum personagem e desenvolver as perguntas e respostas, sendo que as observações podem ter mais de uma estrofe seguida.

Nesse caso é diferente dos encontros em que uma estrofe para cada personagem focalizado é usada.

Durante sua vivência como cordelista profissional o poeta viajou pela maior parte do país, enfrentando feiras e praças, onde travou conhecimento e amizade com antigos folheteiros e poetas, o que serviu para aprimorar sua arte.

Com alguns desses colegas de profissão seu relacionamento foi mais profundo tornando-se hóspede dos mesmos e sendo beneficiado por suas lições, seus conselhos e seus exemplos artísticos e de vida.

Imprimindo sua marca na história do cordel, Maxado fez o que muitos outros poetas cordelistas gostariam de ter feito.

Criou um mundo imaginário, totalmente diferente da realidade existente, escrevendo um folheto que recebeu o seguinte título: *Um Marco feito a Maxado Nordestino*.

Vivendo sempre atento aos altos e baixos da vida, Maxado notou na década de 1980 que, com o aumento do desemprego, da inflação, com a eletrificação rural e o subsequente aumento do número de pessoas que deixavam as lavouras, diminuía na mesma proporção o público que mais consumia a literatura de cordel.

Ao mesmo tempo aumentava na zona rural, os aparelhos de tevê. Em paralelo à abertura de armazéns e supermercados, acabaram com feiras onde, em outros tempos, eram vendidos os folhetos.

Assim foi se tornando cada vez mais difícil a renovação de valores e o público consumidor se tornando mais escasso.

Isso naturalmente foi ocasionando mais dificuldades para comercializar a produção dos folheteiros cordelistas.

Antecipando-se a problemas maiores que se avizinhavam, Franklin Maxado retornou para a Bahia.

Foi convidado a trabalhar na TV Educativa, a qual estava sendo implantada.

A ditadura militar estava agonizante e Maxado aceitou o convite.

Estava separado da sua primeira mulher e com a responsabilidade de cuidar dos filhos adolescentes.

Tornara-se um vencedor, sendo alvo de citações e estudos em teses universitárias.

Usava do cordel para apresentar seu programa na TV Educativa, o qual era chamado *Participação*.

Atualmente Maxado faz cordel e xilogravuras por simples diletantismo, o que muito o compraz.

Não podemos deixar de lembrar que Maxado hoje em dia é pesquisador do Museu Casa do Sertão, em Feira de Santana.

Por sinal é bom lembrarmos que na cidade de Feira ele tem feito várias campanhas de interesse da população. Por exemplo, quando fez vários artigos na imprensa da cidade despertando a atenção do público para o fato de que os painéis, pintados pelo artista Lenio Braga, existentes no Terminal Rodoviário de Feira de Santana, estavam estavam escondidos e sendo agredidos.

Esse seu alerta fez com que a firma arrendatária tomasse as providências cabíveis ao caso.

Esses painéis são obras que retratam a cultura sertaneja tais como: o cordel, o cangaço e cenas da antiga Feira de Santana, que já não existe mais.

Graças ao Maxado isso foi salvo.

ROMANCE DO VAQUEIRO MARCIANO DA ÉGUA

Este romance é verdade
Vou contar com alegria
Aconteceu no sertão
Das terras lá da Bahia
Um peão do Piauí
Fez ali estripulia.

Quem leu minha vaquejada
Lembrará de Marciano
Com sua égua Mimosa
Heróis que tinham tutano
Vou contar a vida deles
Nesse livro doidivano.

Ao derrubar a mineira
Ele ganhou vaquejada
Também ganhou o coração
Da filha bem estimada
Do coronel Zé Fagundes
Zefinha era chamada.

Josefina era flor
Daquela que desabrocha
Entre espinhos de cactos
Naquele sertão de rocha
Quem a vir já se inflama
Pois seu rosto é a tocha.

Tinha só quinze janeiros
Idade que é só ventura
Quando viu esse vaqueiro
O Marciano da aventura
Sentiu o amor no olhar
Na alma teve quentura.

Marciano surgiu herói
Tangendo novilha presa
Em toda aquela região
Despertou fama acesa
Montando elegante égua
Que esquipava bem tesa.

Zefinha se apaixonou
Logo no primeiro olhar
Marciano entre as outras
Só lhe pôde enxergar
Fraquejou na tentação
Querendo junto ficar.

Hora dos comes e bebes
Zefa mandou um recado
Pela velha alcoviteira
Que diz no escriturado
— Tu és o meu grande herói
És meu príncipe encantado.

Disfarçou e saiu só
Ficando bem na varanda
Marciano pegou a dica
E para seu lado anda
Os dois sorriem calados
O moreno beijo manda.

O oitão tava enfeitado
Com flores e trepadeiras
As paredes bem caiadas
Um ninho na cumeeira
Duma garrincha que punha
Seus ovos na chocadeira.

Naquele enlace bonito
Quase se esquecem do mundo
Nisso o coronel olhou
E os viu de lá do fundo
De raiva logo espumou
Gritou o cabra Raimundo.

O grito despertou Zefa
Marciano pulou pra frente
Topou o cabra na faca
Já tava de sangue quente
Antes de pegar a égua
Deixou o cabra dormente.

Era um Deus nos acuda
Os cabras do coronel
Gastaram tiros sem pena
Tudo ia pro beleléu
O peão tinha fechado
O corpo com o pai Leo.

Ao fugir, gritou: – Zefinha!
Volto por bem ou por mal
Mimosa pulou cancela
Sumiu na poeira local
Foram vários atrás
Mas não viram nem sinal.

Os jagunços tavam ébrios
Não acertam nem correr
Desse jeito Marciano
Pôde perto se esconder
Lá nas matas da estrada
Dentro do anoitecer.

Vamos deixar Marciano
Já no alto jatobá
Vendo tudo sem ser visto
Esperando hora chegar
Comendo raiz e frutas
Com a égua a pastar.

Vamos falar da fazenda
Do coronel e Zefinha
Que a cada dia mais
Sem comer ela definha
Só chorando e sonhando
Pelo seu herói de rinha.

O coronel não o pegando
Mandou queimar seu casebre
Também procurar os rastros
Encontrou até de lebre
Mas nada de Marciano
Cuja fama já é célebre.

O coronel resolveu
Carregar pessoalmente
A filha pra capital
Pra que o peão não tente
Tirá-la dele assim mesmo
Querer saber o que sente.

Zefinha ia estudar
E mesmo sem querer ir
O pai mandou arrumar
Suas coisas pra sair
Com cem cabras na escolta
Ajeitou para partir.

Contratou bons pistoleiros
Chamou vizinhos dali
Fora os cabras alugados
Que há tempos tinha ali
Como o jagunço Raimundo
Mais treiteiro que quati.

Marciano de longe via
Toda aquela arrumação
Preparava os seus planos
Pra fazer acabação
Com aquela turma ruim
Atendendo o coração.

Passou o laço no pau
Disfarçou com muita folha
Selou a égua Mimosa
E ficou como uma bolha
Tinha que roubar Zefinha
Nisso não tinha escolha.

Afiou seu fino chucho
E amolou seu facão
Fechou o corpo direito
Fazendo a oração
E disse consigo mesmo:
— Agora não tem senão!

Afinal chegou o dia
Da partida da menina
Armaram todos dali
Com punhais e colubrina
Fuzis, mosquetões e facas
Peixeiros e lazarina.

Cavalhada veio vindo
Com os animais trotando
O pai e Zefa na frente
Montarias esquipando
Marciano atrás da árvore
Tava a corda segurando.

Logo que passou Zefinha
Montada em sela de banda
Esticou o laço de couro
Feito por sua mãe Xanda
Tão forte como o capricho
E como a regra manda.

Tropicaram dois cavalos
Caindo co'os cavaleiros
Outros que vinham atrás
Caem fazendo poleiros
Estancou o resto da tropa
Pra acudir os companheiros.

Marciano apareceu
Como Tarzan visto em tela
Voava dos cipós e galhos
E era aquela novela!
Da folhagem mandou bala
Nos caídos na esparrela.

Zefa tinha entendido
E tocou a montaria
O coronel quis parar
Interpretando o que via
Deixou os cabras no chão
E correu atrás da "fia".

Raimundo desfeiteado
Também correu com a arma
Gritando pelos seus cabras
E dando logo o alarma
Os que tavam a pé correm
Quem caiu já se rearma.

De mais nada adiantava
O coronel ordenar
Com toda sua voz grossa
Pra sua filha parar
Esta metia o chicote
Pro cavalo disparar.

Marciano pegou a égua
Nos vazios co'as esporas
Danou-se a toda carreira
Que quase lhe estopora
Deixou bem uns dez pra trás
No ferrão, dois ele tora.

Com o revólver na mão
Derrubou mais outros seis
Cada tiro era queda
Ficaram só dezesseis
Muitos porém se perderam
Restaram apenas três.

Mimosa corria solta
Emparelhou com Raimundo
Marciano lhe diz assim:
— Te segura vagabundo
Pois hoje não te aliso
Vais já pro outro mundo.

Meteu-se a guiada mas
Raimundo se desviou
Segurou ela direito
E da mão arrebatou
Mandou uma ferroada
Mas Marciano se abaixou.

Nesse seu abaixamento
Já subiu com o facão
Largou uma facãozada
Aparada co'o ferrão
Que se torou pelo meio
Raimundo feriu a mão.

Marciano bem ligeiro
Não o deixou se aprumar
Mandou outra facãozada
Tão certeira de torar
Que pegou bem no cangote
E um quengo foi rolar.

Os jagunços que não
Atiraram com receio
De acertar "seo" Raimundo
Ora abrigam tiroteio
Mas logo pararam pois
Coronel ficou no meio.

Marciano chegou onde
Corria coronel Zé
Que quasemente pegava
Sua filha pelo pé
Ele tentava afastá-lo
E quis pegá-lo até.

O jeito foi um soquete
Certinho no pé do ouvido
Caindo desacordado
Coronel só ouviu zunido
Zefa agora ria alegre
Vendo junto o destemido.

Marciano encarcava
As esporas pelos vãos
Da égua que já não corria
Voava como avião
Corria mais que visagem
Parecia assombração.

Zefa tacava o relho
No seu cavalo cansado
Que estava quase parando
Com casco todo trilhado
Pelas pedras do caminho
Ele estava cortado.

Carreira desabalada
Jagunços desanimados
Sem Raimundo o acudindo
O coronel da Baixada
No chão sem se atirar
Pro mode da filha amada

Marciano disse a Zefa:
— Te segura minha flor
Hoje e sempre nós se junta
Seja lá ou onde for
No céu, terra, no inferno
No prazer, mato ou na dor.

Ela respondeu sorrindo:
— Não quero outra coisa mais
Do que ficar ao teu lado
Me ganhou o seu cartaz
Eu me vou pr'onde tu for
No amor, somos os tais.

Zefa sonhava acordada
Mesmo naquela aflição
Sorria do que vivia
Estava tão bom que não
Acreditou ser verdade
Estar junto do peão.

O cavalo de Zefinha
Foi parando por cansaço
Da égua pingava sangue
O peão metia o aço
Mas corria sem sentir
Levantando o cachaço.

Ele estirou seu braço
A enlaçou pela cintura
Segurou forte a amada
Que corria com postura
Puxou-a pra sua sela
Ela veio com candura.

Veio toda pra frente
Sentando no cabeçote
Zefa lhe segurou firme
Olhou como cobra em bote
Ele lhe lascou um beijo
Mesmo naquele tal trote.

Sumiram dentro do mundo
Naquela noite estrelada
Entraram um dentro d'outro
Em uma mata afastada
Lua d'alto vigiava
Aquela cena inspirada.

Refazendo suas forças
A égua moita comia
Parecia até ciumenta
Pelos "ais" que se ouvia
O casal nem tava aí
Nem viu clarear o dia.

Zefa se levantou outra
Orgulhosa e feliz
Olhava o adormecido
Que lhe fez o que ela quis
Estava ali bem juntinho
Escapando por um triz.

Os passarinhos cantavam
Em sinfonia-presente
Ela lhe acordou c'um beijo
Dado delicadamente
Sorrindo se abraçaram
Nus com os corpos bem quentes.

Ficaram mais extasiados
Naquela felicidade
Mas recordaram depois
Que iriam para a cidade
Pegar uma condução
Fugir na velocidade.

Foram se banhar pertinho
Na pequena cachoeira
Sua água cantava doce
Caindo da ribanceira
Novamente se encostaram
E foi aquela madeira!

Tudo estava colorido
Bem verdinho ao redor
Brincavam como crianças
Embora com muito ardor
Pegaram a égua de novo
Pra partirem co'o calor.

O sol já estava bem alto
Cobreando morenezes
Enquanto o pai telegrafa
Pro delegado Menezes
Pra ir atrás dos fujões
Nem que levasse meses.

O dia passou tranquilo
E a noite entrou serena
Deitaram ainda no mato
Marciano e a morena
Sonhavam sono feliz
Soprava a brisa amena.

Só acordaram com cães
Que já latiam bem perto
Descuidaram por amor
E por sentirem deserto
Mimosa relinchou alto
Avisou perigo certo.

Mais que ligeiro botou
Zefa na sua garupa
Danou-se por mundo afora
Ou por dentro, dando upa
Sem paragem definida
Do amor não tinham culpa.

Saíram desembestados
Correndo a toda carreira
Com os soldados e os cães
Latindo já na rabeira
Pegaram pista pro asfalto
Que estava na dianteira.

A égua nunca correu tanto
Parece que era magia
E a tropa desistira
Pois correr mais não podia
Era tão grande o calor
E a poeira que fazia.

Os cascos dessa Mimosa
Estavam na carne viva
Que descansava de dia
Pra de noite estar ativa
Aproveitando a fresca
Noturna pra ir altiva.

A égua pisou num buraco
Caiu quebrando a mão
Já acerca da rodovia
Derrubou os dois no chão
Não servia mais pra nada
Oh! Meu Deus que aflição!

Zefinha entrou no choro
Quando o peão lhe avisou
Que nesse caso não tinha
Jeito ou algum doutor
Desembainhava o facão
No peito calçava dor.

Beijou a testa da égua
Que se quedava deitada
Esta estirou o pescoço
Adivinhando cutilada
Fechou os olhos num adeus
De que sempre é lembrada.

Ainda estirou a pata
Como que se despedia
Os bichos têm compreensão
Parece que ela sabia
Seu destino ser escrito
Cumpriu a sua valia.

Facão foi certeiro como
Uma lágrima na terra
Escapada de Marciano
Bom cabrito que não berra
Estava agora apeado
Bem dentro daquela guerra.

Mimosa era só um monte
De carne estrebuchada
Marciano olhar não quis
Começou a caminhada
Limpou e guardou o facão
Deixou Mimosa selada.

Zefinha limpou o rosto
Miravam pros horizontes
Calados foram em frente
Com suas erguidas frontes
Deixam tudo no sertão
Riachos, vales e montes.

Chegou enfim o asfalto
Que terminava no sul
Esperavam por um ônibus
Debaixo dum céu azul
Iriam para São Paulo
Labutar qualquer paul.

Marciano se empregou
Numa usina de cana
Trabalhava como burro
E fez pequena choupana
Se melhorava de vida
Já erguia uma cabana.

A barriga de Zefinha
Crescia em toda hora
Era o fruto do amor
Que ela colherá agora
Plantado lá no sertão
Quando vieram embora.

Marciano era assombro
Na labuta da usina
Despertava admiração
Do patrão por sua sina
Zefa tinha dado luz
A uma bela menina.

Mas um dia o patrão
Lhe mostrou em um jornal
Nele continha a notícia
Em forma de edital
Do pai de dona Zefinha
Que estava muito bem mal.

Pedia pra sua filha
Retornar por caridade
E também "seo" Marciano
Satisfizesse vontade
Quer morrer aliviado
De toda sua maldade.

O coronel tava mal
E via que ia morrer
Colocou aquele anúncio
Suplicou pro genro ver
Queria por tudo enfim
Descansado falecer.

Marciano orgulhoso
Desconfiado não ia
Mas Zefa pediu por tudo
Para voltar à Bahia
Marciano acedeu
Não ia entrar em fria.

Voltaram logo urgente
Pro sertão do Deus-dará
Todos os três bem vestidos
Com um carro a rodar
Voltavam vitoriosos
Mas não iam espezinhar.

O coronel vendo eles
Teve tamanha alegria
Que em vez de morrer logo
No seu leito de agonia
Deu foi um pulo da cama
Era como quem nascia.

O coronel melhorou
Era só arrependimento
Depois que ficou viúvo
Ficou no isolamento
Perdia a filha querida
Por ter gênio briguento.

Convalesceu dia a dia
Brincando com a netinha
Marciano tomava conta
Da fazenda e do que tinha
Da casa e do seu pai
Se ocupava Zefinha.

O coronel levantou-se
Recuperou do desgosto
Agora brincava muito
Com os netos do seu gosto
Pois Zefa teve mais um
Batizando o novo posto.

O coronel deu ao genro
Carta branca para agir
Entregou fazenda e tudo
Para ele dirigir
Todos viviam felizes
E o coronel sempre a rir.

Com lições do Centro-Sul
Progrediu a propriedade
Tomou no banco empréstimos
Pra projetos na herdade
Ora recebe propostas
Dos gringos lá da cidade.

Agora vaqueja campos
Montado em um trator
Com gado estabulado
Comendo no comedor
Não se faz mais vaquejada
Dela se lembra co'amor.

Nunca mais até aboios
A rês come de ração
Só confinada e mansa
Que causa admiração
Ora aquelas brincadeiras
Já são raras no sertão.

Fez muitas benfeitorias
E diversas plantações
Assumiu o seu papel
Sentiu que há distinções
De classe tanto no Sul
Como lá nas tradições.

Foi este final feliz
Provando que o amor
É maior do que o orgulho
Mesmo tendo dissabor
Quem o procura, achará
Suas graças e louvor.

M-arciano está bem
A família também tá
X-amego agora é criá-la
A Mimosa é pra lembrar
D-ela tem recordações
O mais eu vou me calar.

TESTAMENTO DE JUDAS NA SEMANA SANTA

Quando rompe a aleluia
Após a Semana Santa
Há um costume geral
Que muita gente decanta
Que é a malhação de Judas
Como este folheto canta.

Vem a Páscoa após tudo
Que o cristão comemora
Mas aqui se vai falar
Dum testamento que agora
O que o traidor Judas
Deixou para dar o fora.

Como sabemos esse Judas
Esforçou-se após dedar
O seu chefe, Jesus Cristo
Sem o dinheiro gozar
Por isso o povo lhe malha
Nos Judas que ainda há.

A polícia disso não gosta
Pois diz que dá confusão
Estraga a rede elétrica
No trânsito dá congestão
Talvez não goste das críticas
Com sua atualização.

Pois a vida tá danada
E não tem quem lhe dê jeito
E não são 30 moedas
Que vão calar um sujeito
Com muitos vivendo mal
Como operários do eito.

Não toquem o fogo agora
Pois vou ler o testamento
Que escrevi desse Judas
Que é um cara rabugento
Implicante e ranzinza
Chato, bobo e engangento.

Peço aos ouvintes aturá-lo
Não perturbar a leitura
Deixar as vaias e os vivas
Pra depois da escritura
E esperar pra explodir
E malhá-lo com bravura.

O Judas está dependurado
Começou a cremação
Dentro dele tem foguetes
As moedas da traição
Que os meninos apanham
Disputando o seu quinhão.

Os restos do Judas são
Malhados pelos ouvintes
Em casas perto dali
Às vezes se tem requintes
Com comidas e bebidas
Sem ninguém fazer acintes.

Testamento

Meus patrícios do Brasil
Escutem com atenção
O que deixei pra vocês
Depois dessa malhação
Pois mereço assim morrer
Porque fiz uma traição.

Adeus, meu povo todinho
Que encheu a minha pança
Tou aí de barriga cheia
Não fui fiel de balança
Não pensei certo e só roubei
O que devolvo em herança.

Moçada querida, alerta!
Quero muita alegria
Para os velhos já sem fogo
Que estão na agonia
Deixo a roça de catuaba
Pra seu chá de todo o dia.

Para as moças sirigaitas
Deixo pílulas aos montões
Pras mulheres infiéis
Uma ruma de cabrões
E pras viúvas fogosas
Deixo dúzias de varões.

Para as bichas e as virgens
Deixo conselhos e consolos
Também para os infelizes
Pros otários e os tolos
Pros políticos, eu deixo
As marmeladas e os bolos.

Caderneta de poupança
Deixo pra quem queira ter
A casa própria sonhada
Onde possa se esconder
Ter um lugar todo seu
E toda vida sofrer.

E possa juros render
Apesar da inflação
O governo pagar taxas
E pequena correção
Pois o dinheiro sumindo
Não se tem compensação.

Deixo um cartão de crédito
Pro povo comprar fiado
Comida, roupa, etecétera
E arranjar um trocado
Porque o dinheiro vivo
Não chega pro precisado.

Andam todos jejuando
Mesmo sem ser religioso
Disfarçando que é regime
Para se ficar charmoso
É moda ser esqueleto
Nunca ficar gorduroso.

Deixo os botões da roupa
Pra alfaiate, não só
Pois eles servem de base
Pra quem está no caritó
E vão servir muito mais,
Pra quem fechar o paletó.

Trinta moedas recebidas
Deixo pro governador
Pra trocar por petrodólares
Para ser importador
Do petróleo que faz falta
No mercado consumidor.

Meu rádio, vitrola, discos
E minha televisão
Deixo para os operários
Aqueles de construção
Para verem colorido
O que criaram no chão.

Deixo o meu frio suor
Para se molhar a terra
Pros lavradores cavarem
Nas roças, chapada e serra
E deixo meu parabelo
Para se fazer mais guerra.

Sapatos, chapéu e gravata
Ficam para os indigentes
Desse bairro sem fronteiras
De carências permanentes
E quem vesti-los com gosto
Serão pessoas decentes.

Evito assim desses pobres
Pagarem as prestações
Em lojas que facilitam
O fiado em divisões
Assim o pobre adquire
Direitos com obrigações.

Não se enforquem à força
Ou na forca de seu juro
Dos preços e taxas que
Tão com toda corda no duro
E pela hora da morte
Deles todos, eu esconjuro.

Porque não é só gozar
A vida sem o pudor
Pra quem o conserva puro
Sempre encontra dissabor
Podem pegar o meu lenço
Que é bom consolador.

Eu deixo meus documentos
Para os ripes camaradas
Que não existem sem eles
Pelas lições arbitradas
E quem não trazê-los nos bolsos
Pode sumir na estrada.

Deixo um cheiro de livro
Pro estudante cheirar
Pois não adianta estudo
E lutar pra se formar
Porque depois de formado
Não tem onde trabalhar.

Meus olhos, peles e sangue
Órgãos e mãos de meu ser
Devem ser aproveitados
Pra no retalho vender
Em favor dos nordestinos
Que nascem para sofrer.

Deixo bola e futebol
Para se esquecer do dia
O povo anestesiado
Sufocado na agonia
Agradando os estrangeiros
Vivendo de putaria.

Deixo carnaval e samba
Pros foliões e sambistas
Se exibirem com cachê
E se tornarem artistas
Pois o povo só precisa
É divertir os turistas.

Para todos os brasileiros
Deixo cachaça pra valer
Pra esquecer das desgraças
Que estão a padecer
Podem pegar o tanto quanto
Aguentar ou queiram beber.

Para as cidades grandes
Deixo toda a agressão
Pra poder crescerem mais
Aumentar a população
E quem não quiser entrar
Fará outra curtição.

Para findar o desemprego
E todos ganhar dinheiro
Mando instalar indústrias velhas
Que não quer o estrangeiro
Pra dizer que o progresso
Chegou aqui altaneiro.

Deixo a árvore como exemplo
Pra lembrar de poluição
Pr'aqueles que querem ir
Desse mundo de aflição
Dos que não aguentam barra
E que ficam só na mão.

A corda em que me enforco
Deverá ser bem guardada
Pois é artigo nacional
E vai sempre ser usada
Pelos que quiserem ir
Dessa vida amargurada.

Quem quiser morrer bem
Procure uma estrangeira
Para subir de status
Ou prefira uma fogueira
Como eu que passo ótimo
Por bruxa ou feiticeira.

E que metam a sua lenha
Sem acender gasolina
Arromba mais o orçamento
Do povo sem sua mina
Queima trabalho e divisas
Como uma chama assassina.

Me disseram que sou filho
Duma mãe e sem o pai
Assim, sou filho do mundo
E desta terra se sai
Pelos caminhos que se quer
E pelas formas que se vai.

Todo ano, tuarmente
Eu morro para o prazer
Da humanidade perversa
Que de mim quer desfazer
Mas estou certo sempremente
De atenção merecer.

Que viva a morte de Judas!
Sem fazer judiação
Sou um judeu avarento
Que aos seus fez traição
Vendeu o povo e a pátria
E não mereço perdão.

Pois eu traí meu Jesus
Porque estava bem escrito
Nas Escrituras Sagradas
E hoje estou sendo um mito
Ficam inventando modas
E nelas me botam maldito.

Adeus, meu mundo adeus!
Eu já vou sem sururu
É hora das despedidas
Arre! Com tanto lundu
Me apanhe um tição de fogo
E soquem no... cururu.

M-uitos testamentos tem
A-ssim, escrevi este cá
X-ôco, porém verdadeiro
A-chando o que testar
D-o momento, mundial
O Judas a me soprar.

A BELA HISTÓRIA DE JACI, A PROSTITUTA VIRGEM E SANTA

Nossa vida, minha gente,
É cheia de contradições
Às vezes, o que se vê
Em muitas situações
Não é a realidade
São apenas ilusões.

Aqui conto um caso desses
Como enganam as aparências
Uma moça que ninguém diz
Olhando suas vivências
Seja virgem e muito santa
Apesar de experiências.

Jaci era uma dessas
Mulheres fáceis da vida
Adotou a profissão
Passando-se por perdida
Para poder sobreviver
Sem depender de acolhida.

Feita esta explicação
Vamos contar sua história
Feita com muito amor
Da derrota fez vitória
E nisso está seu louvor
Na conduta meritória.

Morava sua família
No distante Piauí
Um casebre de sopapo
Era morada de Jaci
Quase não tinha comida
Vivia mais de pequi.

Seus pais eram bem pobres
Viviam como agregados
O fazendeiro não deixava
Eles fazerem roçados
Pois as terras de caatinga
Eram só para os seus gados.

Os dois caboclos seus pais
Eram bastante doentes
Só tiveram essa filha
Isolados dos parentes
Davam a ela afeição
Compensando os bens carentes.

Jaci cresceu sempre assim
Já tinha onze anos
Quando uma seca danada
Torrou todos aqueles planos
Acabando os mantimentos
E trazendo desenganos.

O seu pai não resistiu
E morreu sem de comer
A viúva então ficou
Num perrengue de doer
E para se sair dele
Pensou a filha vender.

Não tanto para comer
Mas pelo futuro dela
Pois já era crescidinha
Breve seria donzela
Naquela situação
Ia apanhar como cancela.

Como diz "a precisão
É quem obriga o ladrão"
Sua mãe então decide
Ir vendê-la ao mangangão
Coronel Zeca Tadeu
Da Fazenda Cansansão.

Esse coronel era rico
E dono de tudo ali
Se quisesse então podia
Muito bem criar Jaci
Mas o que ele queria
Eu vou já dizer aqui.

Sua mãe não disse nada
Quase até não chorou
No enterro do marido
Depois dele arrumou
Os seus troços numa trouxa
E para a vila rumou.

Só disse a Jaci que ia
Embora desse lugar
Iria para a cidade
E lá iam trabalhar
Não queria nem mais ver
Ou da casinha falar.

Jaci como boa filha
Foi na sua companhia
Inocente do destino
Feito à sua revelia
Caminharam esfomeadas
Tendo a sede como guia.

Dormiram pelo relento
Ouvindo corças urrarem
Vendo as corujas da noite
Cruzando na frente a piarem
Como que se estivessem
O seu futuro a agourarem.

Até que então chegaram
À varanda da mansão
Do seo coronel Tadeu
Que estava no oitão
Deitado em sua rede
Bebendo suco de limão.

A mãe nem se descansou
E mal colocou o volume
Humildemente lhe pediu
Num tom de voz de queixume
Pra falar particular
Dum assunto que veio à lume.

Seo Tadeu esbravejou
Foi dizendo que "se era
Comida, ele não tinha
Pois estava na espera
Das chuvas para salvar
O seu gado da tapera".

A mãe lhe tranquilizou
Que não era isso não
Queria vender a filha
Pra sair da aflição
O coronel então mandou
Dar-lhe um saco de feijão.

Aí se voltou pra filha
Mas não disse que a vendeu
Apenas que ela iria
Morar com o seo Tadeu
Respeitasse as suas ordens
E Jaci compreendeu.

Logo que a entregou
Retirou-se comovida
Deu-lhe a dor do remorso
Se lamentando da vida
Lhe veio uma tal pontada
Que caiu desfalecida.

Quando ela caiu, a saca
De feijão caiu por cima
Jaci soube da verdade
E logo se desanima
E com o feijão pagou
O enterro por estima.

Ficou Jaci só no mundo
Vivendo na casa grande
Com o passadio melhor
Mesmo tendo quem lhe mande
Foi-lhe chegando as carnes
Vestidas em traje dande.

Jaci cresceu mais um pouco
Se tornou uma mocinha
De corpo muito bem feita
Uma cara bonitinha
Todos ali a notavam
Era uma belezinha.

Os homens e os rapazes
Lhe desejavam amor
Mas ela se respeitava
E guardava o seu pudor
Por isso não declaravam
Temiam pelo senhor.

O coronel começou
A lhe olhar indecente
A lhe comer com os olhos
Como em bote de serpente
Olhava as suas formas
Passava a língua no dente.

Até quando aproveitou
A esposa ter saído
Foi de noite ao seu quarto
Já quase todo despido
Mandou que Jaci abrisse
A porta pra ser servido.

Jaci perguntou o que era
Ele lhe disse que queria
Lhe dar umas lições
Com bastante calmaria
Porém falava nervoso
E Jaci desconfia.

Jaci já acostumada
Com o seu sofrimento
Se vestiu e abriu a porta
Mas teve um pressentimento
Deixou a janela aberta
Se vendo o firmamento.

O coronel a agarrou
Pelo braço e cintura
Encostou seu corpo ao dela
E lhe disse com grossura:
— Se você não aceitar
Verá o que é vida dura.

Jaci disse: — Está bem!
Deixe fechar a janela
Pois pode alguém nos ver
E sem cair na esparrela
O coronel no seu fogo
Confiou no dizer dela.

Ela mais do que depressa
Pulou ligeiro e fugiu
Correu tanto como louca
Virou trevas e sumiu
Na noite afora e adentro
E assim escapuliu.

Vamos deixar a Jaci
Correndo esbaforida
Vamos tratar do patrão
Que ficou fulo da vida
Pensou logo em se vestir
E ir atrás da perdida.

Mas tinha que ir pegar
Animal no meio do pasto
Para alcançar a moça
Ou ir atrás no seu rastro
Assim pensou duas vezes
Antes de fazer o gasto:

– Ela vai ter que voltar
E se não voltar jamais
Mando um cabra dos meus
Na confiança ir atrás
Trazer na marra ou então
Não a deixar viver mais.

– Pois não fica bem pra mim
Ir atrás de meninota
O povo vai falar muito
Eu entro numa patota
Ela vai ter de voltar
Pois a comprei pela cota.

Vamos deixar o seo Zeca
Na espera do resultado
Pois mandou um jagunço
Nesse caso encarregado
Vamos ver o que se deu
E de Jaci o estado.

Ruão era esse jagunço
E gostava de mulher
Não fumava e não bebia
Conhecia o seu mister
Por isso encontrou Jaci
Dançando num cabaré.

Jaci dançava mexendo
Mostrando as coxas de fora
Estava muito bonita
Verdadeira sedutora
O jagunço se mostrou
E a Jaci apavora.

Ela conheceu seu rosto
Quis escapar de Ruão
A agarrou pelo braço
Diz: – Não me tema não
Porque se você deixar
Esqueço a obrigação.

Mas se você não quiser
Vou matá-la ou levar
Pro coronel desumano
Que está a desejar
Ter você de todo jeito
Para seu prazer gozar.

Jaci não vendo saída
Disse-lhe então que queixava
Satisfazia com tudo
Só uma coisa respeitava
Aí então se matava.

Ruão na louca paixão
Aceitou sua jogada
Recebeu os seus carinhos
E no auge da gozada
Tentou até profanar
A sua entrada sagrada.

Mas Jaci já escolada
Se saiu e se negou
Fez a coisa com tal jeito
Que o bruto amansou
Entretanto no momento
Por um instante a forçou.

Passou uns dias assim
Até que Jaci lhe disse:
— Você deve voltar dizendo
Que não houve quem me visse
Eu vou seguir adiante
E é melhor você ir-se.

— Eu guardo o seu segredo
E você guarda o meu
É melhor para nós dois
Pois se o coronel Tadeu
Souber o que se passou
Mata tu e mata eu.

Ruão bem compreendeu
Voltou para a fazenda
Convenceu o coronel
Que tinha perdido a prenda
Pois Jaci deve ter ido
Viver longe da contenda.

Ficou Jaci viajando
E sofrendo em boate
Com a ilusão de ter
Algum dia quem lhe trate
O seu encantado príncipe
Por quem seu coração bate.

Não vou escrever o que
Fazia ou de que vivia
Pro leitor que tem pudor
Só vou dizer que fazia
Outras coisas que o homem
Tem o gozo da alegria.

Uma coisa nunca fez
Foi deixar um homem entrar
Pela entrada sagrada
Do seu corpo rosalgar
Isso ela jurou pra si
Que só depois de casar.

Nem mesmo quando até teve
Paixão pelo viajante
Este até lhe bateu
Quando era seu amante
Não casou e lhe deixou
Na sua vida errante.

Desiludida, Jaci
Tornou-se quase uma santa
Conservando a virgindade
A pureza que acalanta
Deu então para cantar
Assim seus males espanta.

Ficando com mais idade
Começou a criar filhos
Das colegas de infortúnio
Frutos desses descaminhos
Procurava lhes dar vida
Com lições e carinhos.

Dava o amor que não teve
Infância que não viveu
Sofria para fazê-los rir
Até que afinal morreu
Sem profanar virgindade
Por ela muito sofreu.

E todos lhe respeitavam
Comparavam à Virgem Maria
Que é a mãe de Jesus Cristo
Padeceu com agonia
Pois "os bons são os que sofrem"
Se diz com sabedoria.

Faleceu virgem e pura
Quase santa sem pecado
Porque o que fez na vida
Deus deve ter perdoado
Não o fez pelo escândalo
Ou mal intencionado.

Três dias depois de morta
Aos guris apareceu
Vestida num chambre alvo
Um halo resplandeceu
Clareou todo ambiente
A casinha estremeceu.

Mas ela acalmou dizendo:
— Eu não os abandonei
E estarei sempre aqui
Com vocês, eu viverei
Procurem fazer por si
Que de fora ajudarei.

Por isso todos ali
A devotam como santa
Tem conseguido milagres
Quem da vida desencanta
Termino assim essa história
Que este poeta canta.

M-aria também pecou
A-mando seu São José
X-orou pelo filho amado
A-dorou a Deus com fé
D-eixou lição pra Jaci
O exemplo pra mulher.

COMO SER PUXA-SACO E VENCER NA VIDA ATUAL

Cada dia que se passa
Fica mais difícil vencer
Principalmente se se quer
Ter fortuna, glória, poder
Posição, prestígio, riqueza
Ou então aparecer.

Por isso escrevi este
Para orientar meu leitor
Com a minha experiência
De poeta sofredor
Que observa quem sobe
Muitas vezes sem valor.

A primeira regra é:
Para você não ter moral
É chato se ter consciência
Que é um guarda mental
Que bloqueia nossos atos
E não podemos fazer mal.

A segunda é: só puxe
O saco de quem o tem
Se grude com pistolões
Do contrário não convém
Você trabalha sem frutos
Decai e não se mantém.

Veja sempre o semelhante
Como coisa a ser usada
Só seu objetivo conta
Nessa vida dificultada
Pois na concorrência diária
Ganha quem faz boa jogada.

Não respeite nem a si
Veja que o dinheiro é mais
Ou se quiser ser famoso
Faça tudo pelo cartaz
E siga estas outras regras
Que nunca serão demais.

Se ajoelhe ou se abaixe
Perante autoridades
Como os árabes já faziam
Desde as antiguidades
Vá na frente abrindo alas
Mostrando capacidades.

Faça exercícios de flexões
Para a espinha dobrar
Poder curvar ou ajoelhar-se
Pois sempre deve se abaixar
Porque os poderosos adoram
Ficar do alto a olhar.

Estenda o tapete na frente
Até seu paletó coloque
Como Walter Raleigh fez
Pra a rainha dar um toque
Pisando por sobre a lama
Sem precisar dar pinote.

Curve-se sempre até o chão
Sirva até de bom capacho
Pode até quebrar a coluna
Não ache que é ato baixo
Deixe lhe botarem as patas
Abaixe bem o cachaço.

Seja sempre serviçal
E traga até cafezinho
Adivinhe o que o chefe
Quer e num instantinho
Arranje ou providencie
Nem que seja um pouquinho.

Só mostre sua importância
Para os seus inferiores
Neles dê seus esporros
Chame-os de borradores
Ostente sua autoridade
Reine com os seus terrores.

Sempre fale das pessoas
Ou de personalidades
Em evidência pra mostrar
Prestígio e intimidades
Todos lhe respeitarão
Sem saber ser verdades.

Pronuncie uma ou duas
Palavras estrangeiras
Para ser aureolado
Mesmo que sejam besteiras
Terá pinta de intelectual
Por todas essas bobeiras.

E fale também difícil
Pra ninguém lhe entender
Tenha pinta de doutor
Embora não tenha saber
Arranje logo um diploma
Universitário se puder.

Assim será reclassificado
Acima do companheiro
Não precisa estudar
É só ser bem presepeiro
Pois professor tem saco
E diretor quer dinheiro.

Assuma seu bacharelismo
Com título universitário
Agora, não ande sujo
Ou com algum proletário
Não se comprometa com pretos
Não seja nenhum otário.

Se a situação é confusa
Para uma sucessão
Evite pronunciamentos
E não tome decisão
Aguarde e aguente calado
Espere a nomeação.

Fique com quem tá de cima
Apoie logo quem subiu
Nada de ficar solidário
Com quem desceu ou caiu
Não seja herói ou suicida
Faça que não sabe ou não viu.

Quem cair que se segure
Não vá se comprometer
Olhe pra frente e pro alto
Se quiser então vencer
E nunca se lamentar
Achando ser duro viver.

Você serve é ao poder
Tenha essa desculpa pronta
É um humilde servidor
Que só o poder lhe monta
E assim, adule o novo
Chefe e não lhe faça afronta.

Fale alto e de bom som
Em atitude corajosa
Quando se tratar de apoio
À autoridade poderosa
Você vai impressioná-la
E ela lhe será dadivosa.

E quando tomar carão
Na vista do camarada
Não responda e desculpe
Com a cara descarada:
— O chefe tá nervoso hoje
Se altera com um nada.

— Ele precisa tanto de mim
Mas não tem inibição
Já se acostumou comigo
E já não tem seu senão
E sabe que não respondo
Pois tenho compreensão.

Nunca diga: "não posso"
Para o seu chefe adorado
Adivinhe o que pensa e gosta
E lhe traga aliviado
Não esqueça o aniversário
Seja servil e abnegado.

Não esqueça do presente
Arranje até companhia
Feminina e se não puder
Arranje-lhe a filha, a tia
A irmã ou até a esposa
Lhe traga sempre alegria.

Esteja sempre por perto
Barrando pessoas chatas
Atenda seu telefone
E escreva suas datas
Seja discreto e não comente
O que faz ou suas faltas.

Sabendo de coisas íntimas
Guarde-as como triunfo
Isso muito lhe ajudará
Para o futuro triunfo
Insinue a ele que sabe
E se comporte como um bufo.

Forneça fuxicos, intrigas
Alimente suas ilusões
Aí você pode pedir-lhe
Aval, fiança, comissões
Créditos, contas, empregos
Ou melhores colocações.

Dispense as poucas coisas
Mas tenha a obrigação
De aceitar as que são grandes
Pra maior valorização
De uma pessoa como
Você, que tem posição.

Cultive a tranquilidade
E a aparência inofensiva
Até mesmo pareça fresco
E sem graça agressiva
Sempre ande elegante
E fique na defensiva.

Ande limpo e sorrindo
E também engravatado
Não esqueça de saudá-lo
Ao chegar bem penteado
Dê-lhe a entender que só
Você é seu melhor criado.

Coloque o retrato do chefe
Em sua mesa ou parede
Sempre o chame de "Excelência"
E vá atrás puxando a rede
Saindo em fotos, o guardando
Alimentando sua rede.

Elogie sempre a cultura
Elegância ou inteligência
Capacidade e a sorte
Sabedoria, experiência
Os filhos e a família
O seu poder e ciência.

Também se deve falar
Bem do chefe à gente
Que sabe ser sua amiga
Pra então indiretamente
Ele saber que você
É um amigo coerente.

Aguente os seus tapinhas
Nas costas e na barriga
Eles são prova segura
Que você é gente amiga
E quem falar mal de você
A própria empresa castiga.

Nunca esqueça duma coisa:
Não entre em discussão
Lembre: chefe é sempre chefe
E é quem tem a razão
O bajule e o respeite
No seu cargo e opinião.

E nunca vá fazer frente
Ao poderoso tubarão
Lembre que é peixe miúdo
E pode ter seu quinhão
Mas também ser abocanhado
Se bancar o valentão.

Se o chefe o convidar
Para um drinque ou um trago
Não cometa a loucura
De recusar esse afago
Mesmo sendo diabético
Aguente firme o estrago.

E se o patrão perguntar
Que horas são ou o que é
Responda subserviente:
– As horas que o doutor quiser
Isso apenas é um exemplo
Como agradar a quem se quer.

Se ele perguntar se fuma
Responda que fuma sim
– Mas se o chefe desejar
Pode deixar e assim
Não carregar mais cigarro
Por ser danoso ou ruim.

Seguindo esses conselhos
Podem os colegas até chamar
Você de puxa-saco
Mas não vá se importar
Pois eles são despeitados
E nada vão arranjar.

Você será reconhecido
Seguindo essas poucas lições
Só se adula a quem tem
Pra dar muito e aos montões
E terá muito sucesso
Na alta classe dos patrões.

Assim se divide o mundo:
Em governante e governado
E se você não é mandão
É porque vai ser mandado
Tire o máximo proveito
De ser condicionado.

Pois dizem que o prazer
Da vida está em servir
E que é tão nobre obedecer
Fazendo as coisas a sorrir
Quanto o é comandar
E os riscos assumir.

Fazendo esses exercícios
Seu futuro é garantido
Na política ou na empresa
Você será reconhecido
E em repartição pública
Será sempre o escolhido.

E você pertencerá
À classe dos vencedores
Pois fez por merecer
Sem ligar pros detratores
Os invejosos que lhe negam
Suas virtudes e louvores.

Pois puxar saco tem arte
E não é para todo mundo
Por isso é que se vê
Por aí tanto vagabundo
Pois não sabe xeretar
Como você sabe a fundo.

E diga perante o espelho:
— Eu venci, sou o maior
Tenho dinheiro e poder
Posso até ser o melhor
Deixa esses bestas falarem
Porque estão na pior.

M-ais outros nomes têm
A-queles que puxam saco
X-eleléus, chaleiras, nicos
A-lcoviteiros, macacos
D-os poderosos sempre tiram
O seu poder ou uns tacos.

O JAPONÊS QUE FICOU ROXO
PELA MULATA

Esta estória que rimo
É de um japonês casquinha
O qual foi se apaixonar
Por uma tal escurinha
Boazuda que só ela
Tal o corpinho que tinha.

Fukimoto era um
Paulistano japonês
Do bairro da Liberdade
Sem ter pinta de burguês
Negociante de nome
Faturando todo mês.

Era de meia-idade
Mas ainda dava no couro
Embora preocupado
Em encher o seu tesouro
Trabalhava toda hora
Para ganhar mais o ouro.

Era muito avarento
Não dava qualquer esmola
Fosse quem fosse pedir
Respondia: — não amola
Quem quiser saber ganhar
Que arranje sua esmola.

Morava na própria loja
Pra mais economizar
Era o primeiro a abrir
Sua casa no lugar
Não sai nem pra comer
E o último a fechar.

Os colegas perguntavam:
— Para que trabalhar tanto?
Vai tudo pra quem?
Se você já tem seu canto,
Arranje uma mulher boa
Que lhe dê mais encanto.

Os patrícios falavam:
— Procure uma patrícia
Que saiba tratá-lo bem.
Que ajude, faça carícia.
E, nas coisas do amor,
Saiba fazer com malícia.

Velho china aconselhava:
— Só plocure gueixa nova,
Pois é com capim novinho
que o velho se lenova.
Veja que eu tenho 60
Mas ainda tilo plova.

O italiano levado
Lhe indica uma *ragazza*
Daquelas muito loirinhas,
Muito embora sem ser gaza,
Pra ficar como imagem,
Enfeitando toda a casa.

Já o português do bar
Receitava diferente:
— Procure uma crioula,
pois é da raça bem quente!
Vole com todos os nerbos,
Enlouquecendo o bibente!

Fuki sorria amarelo.
Só dizia: — Japon non!
Mudava já de conversa,
Sem sair daquele tom.
Metia a mão no seu bolso
E ia chupar bombom.

Mas, tanto o português
Diz daquela qualidade
Que o japonês começou
A assuntar na Liberdade
As escurinhas que vinham
Do trabalho da cidade.

Aí ele descobriu uma
Que passava acompanhada
Com um crioulo bem forte.
Dele, era namorada.
Tão boa que até já era
Por todos ali notada.

Como o homem sempre quer
O impossível proibido,
Despertou em Fukimoto
O instinto da libido.
O velho, quando a via,
Ficava todo sem sentido.

Às seis horas, toda tarde,
Já estava Fukimoto
Na porta de sua loja
Esperando ver o broto.
Todos já o estranhavam,
Porque ele era maroto.

Não era de deixar só
A caixa registradora,
A sua fiel companhia
Que ele então mais adora.
Nem os fregueses sozinhos
Como acontecia agora.

Um dia, a mulata veio
Só, sem o seu crioulão.
Com sua roupa apertada,
Rebolando o cadeirão.
Com um decote rasgado,
Que mostrava o mamão.

Quando andava, mexia.
Uma banda dava de lado
E a outra então bolia.
Sua saia de babado
Quase não aparecia.
Pra ela, tome o olhado!

O portuga gritava alto:
— Oh! cachopa africana!
Tu acabas com o mundo
Com esta tal filigrana.
Vens para o meu empório
Que te darei minha grana.

O japonês nesse dia
Não pôde mais resistir.
Acabou a paciência
E para ela foi partir.
Pediu a sua atenção
E ela parou pra ouvir.

Disse que: – Japon queria
Ter ela como mulher.
Lhe dava o que já tinha
E mais o que ele puder.
Casava ou se amigava
Porque não dava mais pé.

Ela se denominava
Maria Consolação.
Disse que lhe respondia
Em outra ocasião.
Iria pensar bem muito
Consultando o coração.

De noite, disse tudinho
Para o seu namorado
Crioulo Militão das Bocas,
Como ali era chamado.
Este logo a instituiu
Pra não sair do traçado.

Noutro dia, o Fuki
A espera aparecer
Fora do normal, nervoso,
Saía olhando pra ver
Se vinha a reboculosa
Mulher do seu bem-querer.

Até que deu as seis horas.
Lá veio a escurinha,
Rebolando como trem,
Quando não anda na linha.
Vinha toda acochada
E também muito sozinha.

O japonês partiu logo
Para aquele seu pedaço
De mau caminho já visto,
Esperando dar o laço.
Se adivinhasse, levava
A sua espada de aço.

Quando chegou perto dela,
Apareceu o mulatão,
Com sua voz rouca gigante
Como ronco de leão.
Perguntou o que queria
Com sua Consolação.

O nipônico tremeu.
Mas se armou no karatê.
Militão deu uma rasteira.
Todos correram pra ver.
Fukimoto pulou alto.
No kung-fu, foi descer.

Atacou com o judô
Mas militão deu um aú.
Deu-lhe um coice de mula
Que acertou bem no bumbum.
O Fuki subiu pro ar,
Gritando a letra U!

Não sabia que Militão
Pulava que nem saci.
Era bom de capoeira
Desde o tempo de guri.
Por isso o japonês
Bateu no chão o tubi.

Esborrachou-se na guia.
Da calçada, levantou
E foi para a sua loja.
Nela mesmo se tratou.
Militão agarrou Maria
E no ônibus a botou.

O Fuki foi se curar
E ficou muito cabreiro,
Pensando em como vingar-se
Daquele seu entrevero.
Não ia fazer traição.
Pois, não era costumeiro.

Também, não enfrentaria
Aquele gigante escuro,
Pois não seja mais um moço
Embora ainda fosse duro.
Nunca fora samurai
Que, com mão, derruba muro.

A solução que encontrou
Foi ir a um candomblé,
Aquele recomendado
Que tratou do "rei" Pelé
E feito o clube Corinthians
Azarar tal caboré.

Assim, fechou sua loja
E foi pra bela Bahia.
Levou bastante dinheiro
Porque muito gastaria
Com gosto se ele pudesse
Pôr mão naquela guria.

Lá, foi recolhido logo.
Rapado em camarinha.
Catulado feito iaô.
Guentava tudo calado
Pelo desejo que tinha.

No dia em que ia dar
A sua obrigação,
Que era pra Exu,
Pra ganhar Consolação,
Deu-se um tal revertério
Pior do que um trovão.

A mulata era filha
De santo feito de Iansã.
E Militão não tinha corpo
Aberto e alma pagã!
Mas, vou falar do Fuki
Já rubro como maçã.

Saiu todinho de preto,
Segurando um tridente.
De rabo e chifres rubros,
Assombrando toda gente.
Os tambores repicavam
Num ritmo bem fervente.

Pediu 70 saquês
Mas tomou foi só cachaça.
Sambou como um condenado
Ou caçador caçando caça.
Deu pra lá de meia-noite
E a luz estava bem baça.

O que se sabe bem hoje
É que tem um dragão roxo
apoquentando seu bairro
Procurando dar arrocho
Das mulatas que lá passam
A sós ou com cabra frouxo.

Deixemos a assombração
Do bairro da Liberdade
Vamos falar da crioula
Que fez a perversidade
Maria Consolação
Sumiu do centro da cidade.

Vive ela abandonada
E tendo muitas visagens
Militão já a abandonou
Deixando-a sem paragem
Arranjou um caminhão
Vivendo pelas rodagens.

Maria Consolação
Tem seus filhos buchudos
Anda sempre bem inchada
Só é só um ser ossudo
Dormindo pelas calçadas

Quando o dragão lhe encarna
De negra fica bem roxa
E depois volta a ser mocha
Urra uns urros medonhos
E fica abrindo as coxas.

Edição	Jorge Sallum
Co-edição	Bruno Costa
Capa e projeto gráfico	Júlio Dui e Renan Costa Lima
Programação em LaTeX	Marcelo Freitas
Assistente editorial	Bruno Oliveira
Colofão	Adverte-se aos curiosos que se imprimiu esta obra nas oficinas da gráfica Bandeirantes em 19 de abril de 2012, em papel off-set 90 gramas, composta em tipologia Walbaum Monotype de corpo oito a treze e Courier de corpo sete, em plataforma Linux (Gentoo, Ubuntu), com os softwares livres LATEX, DeTEX, vim, Evince, Pdftk, Aspell, svn e TRAC.